现代商务礼仪之美与商务谈判

王丽霞 著

西北工业大学出版社

西 安

【内容简介】 本书围绕现代商务礼仪之美与商务谈判,在内容编排上共设置六章,分别是商务礼仪与谈判的相关概念、商务活动中的礼仪规范、商务谈判的准备与开局、商务谈判过程中的策略探讨、商务谈判中的技巧分析和跨文化商务谈判研究等。

本书可作为从事商务礼仪以及商务谈判相关工作人员的参考书。

图书在版编目(CIP)数据

现代商务礼仪之美与商务谈判 / 王丽霞著. -- 西安:西北工业大学出版社, 2019.12
ISBN 978-7-5612-6790-5

Ⅰ. ①现⋯ Ⅱ. ①王⋯ Ⅲ. ①商务—礼仪②商务谈判 Ⅳ. ①F718②F715.4

中国版本图书馆 CIP 数据核字(2019)第 265691 号

XIANDAI SHANGWU LIYI ZHI MEI YU SHANGWU TANPAN
现 代 商 务 礼 仪 之 美 与 商 务 谈 判

责任编辑:朱辰浩	策划编辑:雷 鹏
责任校对:李阿盟	装帧设计:吴志宇

出版发行:西北工业大学出版社
通信地址:西安市友谊西路 127 号　　邮编:710072
电　　话:(029)88491757,88493844
网　　址:www.nwpup.com
印 刷 者:广东虎彩云印刷有限公司
开　　本:710 mm×1 000 mm　　1/16
印　　张:13.75
字　　数:215 千字
版　　次:2019 年 12 月第 1 版　　2019 年 12 月第 1 次印刷
定　　价:68.00 元

如有印装问题请与出版社联系调换

前　　言

　　商务礼仪是现代人的处世根本，是成功者的潜在资本。作为一门综合性较强的行为科学，在人际交往中，商务礼仪自始至终地以一定的、约定俗成的程序、方式来表现出律己、敬人的行为，是一种为时代所共识的行为准则或规范，即大家认可的，可以用语言、文字和动作进行准确描述和规定的行为准则，并成为人们自觉学习和遵守的行为规范。商务礼仪不仅可以有效地展现一个人的教养、风度和魅力，还体现出一个人对社会的认知水准、个人学识、修养和价值。如果能够恰当地运用礼仪知识，将有助于各项商务活动的顺利进行。商务谈判不仅是一门科学，也是一门艺术。商务谈判是经济谈判的一种，是目前国内外发生频率最高、范围最广泛、与人们日常生活联系最密切的谈判活动。在现代社会，商务谈判理论已越来越受到重视。当谈判人员参与商务谈判活动时，既需要精通商务谈判的理论知识，也需要掌握谈判的谋略与技巧。一次成功的谈判能使陷入困境的企业绝处逢生，因此掌握谈判的要领并能熟练运用谈判谋略与技巧，就能在商战中占据有利的地位。

　　本书围绕现代商务礼仪之美与商务谈判，在内容编排上共设置六章，分别是商务礼仪与谈判的相关概念、商务活动中的礼仪规范、商务谈判的准备与开局、商务谈判过程中的策略探讨、商务谈判中的技巧分析和跨文化商务谈判研究。本书内容充实、结构清晰，为了使商务礼仪知识能够易学易用，使商务谈判技巧能够灵活掌握，本书试图做到以下两点。

　　(1) 基础知识全面、详细，将商务谈判中礼仪的各项细节阐释清晰，注重细节的把握。

　　(2) 层次分明，首先以商务礼仪与商务谈判的基本认知为逻辑起点，其次是商务谈判的准备工作，再次是商务谈判的策略与技巧，最后着重论述世界各国的谈判风格，整体结构由浅入深，便于读者的学习与参考。

笔者在撰写过程中得到许多专家学者的指导和帮助，在此表示诚挚的谢意。

由于学术水平以及客观条件的限制，书中不尽如人意之处在所难免，希望读者和专家能够积极批评指正，使之更加完善。

著 者

2019 年 8 月

目 录

第一章 商务礼仪与谈判的相关概念 1
- 第一节 中西方文明礼仪解读 1
- 第二节 商务礼仪的基本原理 10
- 第三节 商务谈判的初步认知 15
- 第四节 商务谈判的基本原则与程序 23

第二章 商务活动中的礼仪规范 31
- 第一节 商务礼仪中的个人礼仪 31
- 第二节 商务礼仪中的交际礼仪 43
- 第三节 商务礼仪中的餐饮礼仪 51
- 第四节 商务礼仪中的涉外礼仪 64

第三章 商务谈判的准备与开局 71
- 第一节 商务谈判的团队组建 71
- 第二节 商务谈判的资料收集 80
- 第三节 商务谈判的方案制定 84
- 第四节 商务谈判的开局 88

第四章 商务谈判过程中的策略探讨 95
- 第一节 开局阶段的策略 95
- 第二节 报价阶段的策略 97
- 第三节 讨价还价阶段的策略 100
- 第四节 成交阶段的策略 111
- 第五节 合同的签订及变更的策略 114

第五章 商务谈判中的技巧分析 118
- 第一节 商务谈判沟通技巧 118

第二节　处理谈判僵局技巧 152
　　第三节　应对敌意性商务谈判的技巧 171
　　第四节　网络商务谈判技巧 173
　　第五节　商务谈判风险的规避措施 174

第六章　跨文化商务谈判研究 185
　　第一节　谈判风格概述 185
　　第二节　世界各国的谈判风格 186
　　第三节　中西方商务谈判风格比较 208

参考文献 211

第一章 商务礼仪与谈判的相关概念

商务谈判是构成企业核心竞争能力的重要环节,在商务活动中起着至关重要的作用,决定商务谈判成功与否的关键因素之一则是商务礼仪。本章围绕中西方礼仪展开研究,论述商务礼仪的基本原理,并对商务谈判的基础认知、原则以及程序进行探讨。

第一节 中西方文明礼仪解读

一、文明礼仪的相关概述

(一) 礼仪的概念

礼仪是人们在交往中,以一定的、约定俗成的程序和方式来表示尊重、敬意、友好的行为规范和准则。它是人类文明的重要组成部分,也是人类文明和社会进步的重要标志。

从古至今,人们对于礼仪认识的范围、角度和内容各不相同。我国古代十分重视"礼",并把"礼"提升为治国治民的根本要素,认为对民要"齐之以礼",对国要"礼治"之。提出"人无礼则不生,事无礼则不成,国无礼则不宁"。礼不仅是定名分、排长幼的依据,还是治理国家、处理争端的有效方式。

古人认为,"恭敬之心,礼也"。这种礼,要通过三纲五常,即"君为臣纲,父为子纲,夫为妻纲"的三纲和"仁、义、礼、智、信"的五常来实现,并且将礼又细分为"君、宾、嘉、凶、吉"五种。经过 2 000 多年的发展,我国的礼仪习俗已经发展到一个较高水平,在社会生活的各个层面都得到淋漓尽致的反映。

西方国家也十分重视礼仪。认为礼仪是一个人通向文明社会和主流文化的通行证，礼仪是社会生活的润滑剂，是人们和谐相处、愉快生活的保证。无论处于哪种场合，西方国家都有着十分严格和复杂的礼仪要求。这种礼仪的影子至今还可以在许多西方国家看到，西方人也仍然津津乐道地谈论礼仪之道。

综观古今中外，礼仪可以表示为两种：一种是维护社会秩序的工具，另一种是衡量社会文明程度和个人修养的标准。因此，礼仪是人们在长期的社会实践活动中，对人类自身言谈行为和思维衍变达成的共识，是人类必须共同遵守的一系列言行及仪式的标准。它以社会道德观念为基础，以各民族的文化传统作背景，涉及人类社会生活的各个方面，具有浓厚的时空特色和社会约束能力。目的是为了在人类社会物质条件和需求欲望之间达到动态平衡，维系社会生活的正常运行和发展。其基本的精神是对其他人礼仪的尊重和确认，是对利益分配结果的一种确认。不同的社会发展阶段有着不同的社会礼仪形态，不同的地区和民族有着不同的礼仪观念，不同的社会生产领域也有着不同的礼仪习俗。随着时间的推移，礼仪在各种不同的社会层面和领域中处于不断发展变化之中。

（二）礼仪的特性

现代礼仪是在漫长的社会实践中逐步演化、形成和发展而成的，具有以下几种特性。

(1) 文明性。文明是人类进步的标志，从古至今，人类一直在追求文明的进步，而礼仪正是人类文明的标志。人与人之间的相互尊重是文明的重要组成部分，不仅要尊重自己，更要尊重别人。它约束着人们的行为，也使人们能够更加地尊重行为准则。

(2) 规范性。礼仪的规范性是指长期以来逐渐形成的一种被大多数社会成员认可并必须遵守的行为规范，是人们评价善、恶、美、丑的习惯性标准，具有约定俗成的属性。任何人想要在交际场合表现得体，都必须自觉遵守固有的礼仪。因此，规范性是礼仪一个极为重要的特性。

(3) 差异性。礼仪的差异性指的是礼仪的民族性和地域性。由于各民族的文化传统的差异性，导致礼仪规范的差异性。差异性主要表现在两方面：一是表现形式具有差异性，表示同样意义的礼仪在不同民族、不同地区，就可能有不同的表现形式。二是同一礼仪表现形式在不同民族、不同地域有着不同的意义。因此，了解礼仪的差异性是学习礼仪时不可忽略的方面。

(4) 延续性。由于礼仪是人类在长期共同生活中形成和确认的，是维护正常社会秩序的经验结晶，必然会世代相传。任何国家的礼仪都具有明显的民族特色，国家的古代礼仪发展为今天的国家礼仪。对于传承的古代礼仪，人们要以辩证的眼光去看待，要继承好的、有用的内容，抛弃不好的、与当今价值观违背的内容。

(5) 发展性。礼仪的特点是随着社会的进步、发展而改变，当科学技术和文明程度不断提高，人们的价值观念也随之发生变化，礼仪也应该随之改变。当人们的价值观念发生变化时，对同一事物的理解也在发生变化，而且还会出现新的事物、观点。因此，发展性也是礼仪一个不可忽略的特性，礼仪必须与时俱进，这样才能与现代社会相适应。

(三) 礼仪的表现形式

礼仪本身经历从无到有、从不系统到系统的过程，礼仪发展到今天，涉及的内容也越来越丰富。而礼仪具有的各项功能也使得礼仪受到社会各界的广泛关注。随着时代的变迁、社会的进步和人类文明程度的提高，现代礼仪在对古代礼仪扬弃的基础上，不断推陈出新，内容更完善、更合理、更丰富多彩。

礼仪的表现形式主要有以下几方面。

(1) 仪表。仪表是指人们外在的能够直观看到的表现形式，比如服装、仪容等。仪表能够表现人们的外在美，也可以直接反映出人们的精神状态。所以，仪表美也体现了人们的外在和内在美，仪表美的本质也是人们的道德品质。合适的仪容仪表不仅是对别人的一种尊重，同时，也会赢得别人对自己的尊重。

(2) 礼节。礼节是指人们在交际过程中逐渐形成的、约定俗成的和惯用的各种行为规范的总和。礼节是社会外在文明的组成部分，具有严格的礼仪性质。它反映着一定的道德原则，反映着对人、对己的尊重，是人们心灵美的外化。

(3) 礼貌。礼貌是人类为维系社会正常生活而要求人们共同遵守的道德规范。礼貌不仅体现在日常生活中的说话用语、行为举止，还反映在书面用语和对人、对事的态度上等。礼貌是人们在长期共同生活和相互交往中逐渐形成的，以风俗、习惯和传统等方式固定下来，体现了人们的思想道德修养。

(4) 礼制。礼制就是礼仪制度，尤其是指国家规定的礼法。天高地下，万物散殊，而礼制行矣。在古代，国家治理一般采用礼法，而非现在的依法治国，有人将礼法误认为"人治"，礼法顾名思义，既包括礼制又包括法制。在中国，古人通过礼制规范人们的行为，从而稳定社会秩序。如今我国虽然实行依法治国的国策，但在社会治理中，很多人的思想观念还是以礼制为主导，所以，要将礼制中不好的部分摒弃，做到懂法、依法，以此保证社会繁荣、稳定地发展。

(5) 礼俗。礼俗指礼仪习俗或某地方的风俗习惯，即婚丧、祭祀、交往等各种场合的礼节。礼俗是经过长时间而形成的一种行为习惯，对社会中的个人或者群体影响深远。不同国家、民族和地区之间具有不同的礼俗。

(6) 仪式。仪式具体指礼仪的秩序形式或者过程，是礼仪的外在表现形式。仪式具有正式、庄重和盛大等特点。人们在进行重要的社会活动时都会根据不同活动的特点举行不同的仪式，仪式的整个过程体现出主办方对人或者事情的重视程度。在社会中，很多活动都是约定俗成的，具有特定的程序。在现代礼仪中，有些程序是可以简化的，但要注意有些仪式的程序是不可省略的，否则是不礼貌的。

(四) 礼仪的意义

当前礼仪之所以被广泛提倡，受到社会各界的普遍重视，主要是它具有重要的意义，既有助于提高个人修养，也有助于社会文明进步，具体体现在以下四方面。

(1) 礼仪可以提高审美与文化艺术修养。礼仪与审美、礼仪与文化艺术素养之间有着内在而直接的联系。礼仪修养即以礼仪的各项具体规定作为标准，努力克服自身不良的行为习惯，不断完善自我。通过礼仪修养，可以塑造美的心灵，体现美的情操，培养美的仪表。因此，讲礼仪有助于提高审美和培养良好的文化艺术修养。

(2) 礼仪有利于道德修养的提高。良好的礼仪不仅能够体现一个人的交际能力和随机应变能力，还能够体现出其所具有的社会经验、道德水平、精神面貌和气度涵养等内容。所以，礼仪在一定程度上等于一个人的教养，一个有良好教养的人就会有良好的礼仪，由此才会有高尚的道德情操和良好的精神面貌。一个人如果能够根据不同的场合运用不同的礼仪，则能够反映出这个人具有较高的教养和道德水平。综上所述，人们要认真学习礼仪，合理运用礼仪，这样可以提高个人的道德水平，有利于社会文明的进步。

(3) 礼仪有利于提高沟通交流能力。在社会活动中，与别人沟通交流是不可避免的，任何社交活动的开展都离不开礼仪。礼仪能够规范人们的社交语言和行为，运用礼仪能够表达自己的情感，比如对长辈的尊重、对朋友的关心、对晚辈的关爱等等，礼仪也能够使人们在社交活动中建立自信。如果人人都学会并运用礼仪，在社会活动中就会相互尊重、以礼待人，营造出和谐、向善的社会氛围。

(4) 礼仪有利于人们树立良好的形象和建立和谐的社会关系。礼仪对人们的仪容、言谈举止、服装等各方面都有明确的要求。在认真学习礼仪后，人们会严格要求个人形象，将自己的最好的一面展现出来。

二、中国文明礼仪的研究

礼仪其实是各民族文化中最具特征也最具价值的部分。作为礼仪之邦，文明之始，中国的文明礼仪不仅为中华民族的发展打下坚实的理念基础，也为世界文明的构建做出了突出贡献。

（一）传统礼仪的发展

作为一种文化现象，礼仪最早产生于人与人的交往中。在原始社会时期，人们在共同采集、狩猎、饮食生活中所形成的习惯性语言、动作，是礼仪的最初萌芽。

在我国，礼的制定可上溯到周代，周代的礼有许多方面是后代礼的渊源。孔子选取了必须学习的礼制17篇，编辑成《礼》，也就是流传至今的礼仪。战国后期的荀子在《荀子•修身》一书中记载道："人无礼而不生，事无礼则不成，国无礼则不宁。"他认为，礼是一种实践可行的东西，是人类理智的历史产物，是社会用来维护政治秩序和规范人伦的客观需要。对"礼"的认识和实行程度，是衡量贤惠与高低贵贱的尺度。由于社会生产力的发展，原始社会逐步解体，为维护统治者的统治，周代的礼学家们将原始的礼仪发展成为符合社会政治需要的礼制，并专门制定一整套礼的形式和制度。周代出现的《周礼》《仪礼》《礼记》就反映了周代的礼仪制度，这也是被后世称道的"礼学三著作"。"三礼"的出现标志着周礼已达到系统、完备的程度，礼仪逐渐开始全面制约人们的行为。

在宋代，传统礼仪被推向一个新的高峰，"家礼"的兴盛是宋代礼仪的一大特点。道德和行为规范是这一时期礼教强调的中心，"三从四德"成为这一时期妇女的道德礼仪标准。明、清时期延续了宋代以来的传统礼仪，并有所发展，家庭礼制更进一步严明，将人的行为限制到"非礼勿视，非礼勿听，非礼勿言，非礼勿动"的范畴，从而使传统礼仪更加严格。

（二）现代礼仪的发展与特征

1. 现代礼仪的发展

目前，我国对重大活动、重要事件的仪式、程序及出席人士的安排等都做出具体规定，日常的行政、经济、文化活动中的各种公务礼仪、礼节也在不断完善。随着社会活动的发展及文明程度的提高，新的礼仪形式不断出现，并逐渐被人们广泛接受。在改革的大潮中，对外经济文化交流不断加强，这同时得以将世界各民族的礼仪、礼节、风俗融入进来，使文明古国的传统礼仪文化不断发展。

2. 现代礼仪的特征

现代礼仪的特征主要有以下两点。

(1) 传承性。礼仪是人类在长期社会活动中，经过不断发展和演变形成的行为规范，这种行为规范是一代代人经过发展而传承下来的。在发展过程中，随着社会的进步、科学技术水平的发展，礼仪中不符合价值观念的内容被抛弃，而有利于社会发展、促进人类进步的内容被传承。

(2) 地域性。不同的国家、民族、地区的礼仪各不相同，也是礼仪所具有的重要特征。不同地区的不同群体具有不同的礼仪，同一地区的不同群体也会有不同礼仪，造成这一结果是因历史不同、地理文化不同等。

三、西方文明礼仪的研究

西方的文明礼仪是世界文明的重要组成部分，特别是在近现代社会的发展中一度成为主导的标准和取向。如今，在国际化高速发展的进程中，无论是走出去，还是引进来，都需要对西方礼仪有一定的认知，不仅仅是了解外在的原则、要求，更重要的是要了解形成这一礼仪体系的内在逻辑性，从而加强和国际社会的交流与融合。

(一) 西方礼仪的起源

在西方，礼仪一词，最早见于法语的 Etiquette，原意为"法庭上的通行证"。但进入英文后，就有了礼仪的含义，意即"人际交往的通行证"。西方的文明史，同样在很大程度上表现为人类对礼仪的追求及其演进的历史。人类为了维持与发展血缘亲情以外的各种人际关系，避免争斗，逐步形成各种与争斗有关的动态礼仪。例如，为了让对方感觉到自己没有恶意而创造举手礼，后来演进为握手。为了表示自己的友好与尊重，愿在对方面前"丢盔卸甲"，于是创造脱帽礼等。

古希腊的相关书籍中记载着很多先哲对礼仪的论述。礼仪在中世纪的发展最为繁荣。文艺复兴之后，在欧美等地区礼仪又有了新发展。起初，是因为上层社会对礼仪要求很高，具有复杂的礼仪程序，主要强调举止的优雅。如今，礼仪体现着人人平等、相互尊重的社会关系。

礼仪并未随着社会的发展和科技进步而衰落，而是进一步地发展起来。例如，在国际上，国家间缔造共同遵守的合约，会有符合国家价值观的礼制，社会上有约束人民的风俗习惯和道德规范，行业之间有行业规范。在有些国家中，人们必须遵守礼仪，如果违反礼仪视情节会受到处罚，有的行业在入职前会对员工进行行业礼仪培训，培训通过之后才能上岗。

(二) 西方礼仪的特征

西方礼仪的特征主要有以下几点。

(1) 尊重女性。女士优先是社交场合的基本原则。为尊重妇女，特别强调女士第一，遵守女士优先的原则。在交际活动中，总是给妇女以种种的关爱，关爱妇女、帮助妇女、保护妇女。在西方社会，不尊重妇女是十分失礼的，甚至会被大家斥为缺乏教养而激起公愤。女士优先原则已经成为国际社交场合的礼俗。

(2) 平等、自由、开放。西方礼仪强调"自由、平等、博爱"，在交往中提倡人人平等，包括男女平等、尊重老人、爱护儿童。对儿童不溺爱、不放纵，讲平等、要尊重。在交往中，西方人士一般思想活跃、兴趣广泛、幽默风趣、开放自然，敢于发表自己的意见，富于竞争精神，具有外向型倾向。

(3) 简易务实。西方礼仪强调简易务实，认为在交往过程中，既要讲究礼貌，表示对对方的尊敬，又要简洁便利，不讲究繁文缛节和造作。交往中，不提倡过分的客套，不欢迎过度谦虚、自贬，尤其反对造假、自轻、自贱。另外，西方礼仪也在一定的程度上反映出西方人感情的流露、富于创新和在交往中注意效率的精神，具有很强的现实性。

(4) 强调个人为本，个人至上。个人在法律允许的范围内拥有高度的自由，因此在社会交往中，强调以个人为单位，个人为对象，将个人的尊严看作是神圣不可侵犯的，会时刻注意维护个人的自尊。

(三) 现代礼仪的原则

1. 自律原则

自律原则即交流双方在要求对方尊重自己前，首先应当检查自己的行为是否符合礼仪规范要求。礼仪宛如一面镜子，对照着它，就可以发现自己的品质是真诚、高尚还是丑陋、粗俗。真正领悟礼仪、运用礼仪，关键还要看个人的自律能力。在社交场上，礼仪行为总是表现为双方的，在给对方施礼时，对方自然也会相应地还礼，这种礼仪施行必须讲究平等的原则。平等是人与人交往时建立情感的基础，是保持良好人际关系的诀窍。在交往中不骄狂，不我行我素，不自以为是，不厚此薄彼，更不傲视一切，目空无人，不以貌取人，或以职业、地位、权势压人，而是处处时时平等谦虚待人，唯有此，才能广结人缘。

2. 尊重原则

尊重原则就是人们在沟通交流过程中，将尊重视为其他活动的前提，在尊重对方的同时，也要自尊、自爱。人际交往的过程中，要保持真诚与尊重，二者相得益彰，对人真诚是尊重他人的表现，相互尊重才能营造良好的交流氛围，促进人们的沟通与交流，建立良好的人际关系。

然而，在社交场合中，真诚和尊重也会存在许多误区，一种是在社交场合一味呈现自己的所有真诚，甚至不管对象如何；另一种是不管对方是否能接受，凡是自己不赞同或不喜欢的一味抵制、排斥甚至攻击。因此在社交中，必须注意真诚和尊重的一些具体表现：在倾诉时，有必要了解一下对方是否是自己能道出肺腑之言的知音。另外，如果对对方的观点不赞同，也不必针锋相对地给予批评，更不能嘲笑或攻击，可以委婉地提出或适度地有所表示或干脆避开此问题。给人留有余地也是一种尊重他人的表现。在谈判桌上，尽管对方是自己的竞争对手，但也应彬彬有礼，显示出自己尊重他人的大将风度，这既是礼貌的表现，同时也可在心理上占据主动。因此，在社交场合要表现真诚和尊重，要牢记三点：给他人充分表现的机会，对他人表现出最大的热情，永远给对方留有余地。

3. 适度原则

适度原则是人们在人际交往过程中要把握好分寸和尺度，不管是身处什么场合还是面对什么人，都要做到彬彬有礼、举止得体、有礼有节，要根据具体场合和情境运用与其相适应的礼仪。

第二节　商务礼仪的基本原理

一、商务礼仪的概念

商务礼仪是指人们在商务交往中，用以美化自身、敬重他人的约定俗成的行为规范与程序。商务礼仪是在人类历史的产生和行进过程中形成和发展起来的。在我国古代，素有"明允笃诚"之说，"诚者，真实无妄之谓。""诚者，圣人之性。""诚者，圣人之本。""诚，信也。"孔子曰："人而无信，不知其可。""民无信不立。""富与贵乃人之所欲也，然不以其道得之，不处也。"可见，自孔子始，诚信便成为儒家一贯崇奉的信条。

徽州由于得天独厚的人文环境和儒家文化的浸染，使之颇有"儒风独茂"的地方特色。在这片散发着浓浓传统文化气息的土地上成长起来的徽商，都自然而然地将传统儒学思想融入商业活动之中，并逐渐成为约定俗成的商务规范与准则。儒道经商成为徽商立业及接人待物的根本，诚信无欺成为徽商的商业道德。清代徽商詹谷在崇明岛替江湾某业主主持商务时，正值业主年老归家，将全部商务留给他料理。詹谷尽心操持，排险克难，苦心经营，终获厚利。后来，业主之子来到崇明岛接摊承业，詹谷不存半点私心，将历年出入账簿尽数交还。徽商以诚信为商德而誉满湖海，以诚信为商德而赢长久之利，这就是徽商成为中国商界最大赢家，屹立商界百年不倒的原因所在。

进入近现代后，伴随着我国商业活动的不断深入与延展，商务礼仪的地位和重要性也日益增强与提高。在日趋频繁的商务往来过程中，人们越来越认识到外貌仪表、言谈举止、行为规范、着装配饰等因素对商务活动效果的影响。因此，商务礼仪在内涵和外延上都得到进一步丰富与完善，成为人们从事商业活动必须遵循的准则与要领。可以说，商务礼仪无论对组织，还是对个人，均为驰骋商场的制胜法宝。知礼、懂礼、用礼、施礼的商务人士必将在竞争激烈的商战中赢得商机。

二、商务礼仪的特性

时代在前进，岁月在变迁，社会在进步，文明在演变。步入现代社会，商务礼仪的基本特性主要表现在以下几方面。

(1) 规范性。规范性是指人们在接人待物时必须遵守一定的行为规范。这种规范性不仅约束着人们在一切商务场合的言谈话语、行为举止，而且也是人们在一切商务场合必须采用的一种"通用语言"，是衡量他人、判断自己是否自律、敬人的一种尺度。

(2) 多样性。从人类有商务礼仪迄今，从语言礼仪到举止礼仪，从仪式礼仪到消费礼仪，从服饰礼仪到仪表礼仪，凡此种种，不可胜数，而且礼仪的内涵与表达方式，也因不同的国家地区、不同的文化背景和不同的场合而有所不同。以商务场合的见面礼仪为例，就有握手礼、点头礼、亲吻礼、鞠躬礼、合十礼、拱手礼、脱帽礼和问候礼等不下数十种。不仅如此，有些礼仪所表达的内容，在不同国家、地区则大相径庭或全然相反，甚至在一个国家的不同地区也有不同的含义。

(3) 变化性。世界上任何一项事物都有其产生、形成、发展和演变的过程，商务礼仪也是如此，有自己产生、发展的轨迹与内容。但商务礼仪并不是僵化不变的，而是随着社会发展和商务活动的需要不断发展变化的。特别是进入信息化的 21 世纪，商务往来的沟通交流不再局限于传统的方式。电子、网络等新科技的广泛使用，使之成为商务人士问候、处理业务的主要方式，与之相应的电子科技礼仪也应运而生，并且在商务礼仪中占据重要的地位。

(4) 共通性。尽管商务礼仪有上述特异性，但从商务活动自身的规律和共通性来看，商务礼仪有其共同遵循的规范与准则。例如，使用谢谢、对不起、再见等礼貌用语，各种庆典仪式、签字仪式的流程等。正是这种共通性，才使国家之间、民族之间、地区之间的商务往来有了通行的基础和条件。

三、商务礼仪的准则

在具体遵行商务礼仪时，一般应掌握以下几项基本准则。

(一) 严以律己、待人宽容

"严以律己、待人宽容"是中华传统文化特别强调的一种美德，这种传统同样适用于商务环境。律己以严则身正，待人以宽则彼悦，身正、彼悦则会有更多的商业客户，才能实现更高的商业诉求。律己就是严格按照一定的道德标准和社交礼节，规范自己的言行举止，对于自己所犯错误不回避、不迁就。自律还表现在不忽视细节，因为别人往往是从细微处来观察品格。有时，因为一个细节，可能就会得到别人的尊重和敬佩。因此，商务交往中，要坚持"宁可让人待己不公，也不可自己非礼待人"的原则。世间不存在不犯错误的人，海纳百川，有容乃大。对于对方的非原则性过失应视为未曾发生，对于原则性问题，要通过合理的方式、方法去处理和解决，才会使商务活动更为融洽。

(二) 平等互敬、自尊自爱

每一个人都有友爱和受人尊敬的心理需求，渴望平等地同他人沟通与交往。因此，在与人交往中，既不要盛气凌人，又不能卑躬屈膝。平等原则也适用于商界范围，只有这样才能建立起和谐的人际关系。互敬，包括自尊和敬人两方面。自尊就是在商务场合自尊、自爱，维护自己的人格。敬人就是不仅要尊敬交往对象的人格、爱好和习俗，还要真心诚意地接受对方，重视并恰到好处地赞美对方，这就是敬人"三A"理论。

(三) 真诚守信、入乡随俗

真诚守信是商务礼仪的基本准则，也是商务活动得以延续的保证。人与人相处时，自己的思想、观点、愿望能否为对方所接受，往往与自身的信用程度成正比。越是真诚守信，对方接受自己的思想、观点、愿望和要求的可能性就越大，建立良好的商务关系就越容易，取得商业成功的概率也就越高。

礼源于俗，礼与俗有密不可分的关系。《礼记·曲礼上》中指出："入竟(境)而问禁，入国而问俗，入门而问讳"皆为尊敬主人之意，这也是商务交往的一个原则。由于地域、民族、文化背景的不同，商务礼仪习俗也有很大的差异。因此，行礼者要入乡随俗，与绝大多数人的礼俗保持一致。掌握这一原则，有助于商务交往的融洽和商务活动的拓展。另外，职场应避免谈论私事，正式场合不要谈论敏感性话题，开业典礼要制造喜气的气氛，这都是约定俗成，不能随意更改的。

四、商务礼仪的作用

现代社会的商务礼仪体现在商务活动的每一个环节中，展现在商务场合的每一个细节中。可以说，商务礼仪无论对社会组织还是个人都发挥着独特的作用。这些作用具体表现在以下几方面。

（一）塑造良好形象，展示内在素养

商务礼仪是研究、塑造和维系组织和个人形象的一门学问。拥有一个良好的形象，无论对组织，还是对个人都是一笔无形资产，是无价的财富。在商务交往中，合乎礼仪的言谈举止、行为外貌不仅可以有效地塑造出个人乃至组织的美好形象，而且在与人沟通中，也容易赢得他人的好感和认同。学习运用商务礼仪，无疑有助于更规范地塑造组织和个人形象，更充分地展示个人良好的教养与优雅的风度。当个人自觉注重塑造自身形象，以礼待人时，商务交往将会更加顺畅，组织形象将会更加夺目，这就是商务礼仪的功能所在。商务礼仪往往是衡量一个人文明程度的重要标准。它不仅反映一个人的交际技巧与应变能力，而且还反映着一个人的气质风度、阅历见识、道德情操、精神风貌。在这个意义上，可以说礼仪即教养，有道德才能高尚，有教养才能文明。

（二）实现有效沟通，营造和谐氛围

社会是人们交往的产物。没有社会交往，人类的生活则不可想象。商务礼仪

的基本原则是平等、敬人、律己、包容、真诚、随俗。而商务交往中的个人或组织的社会政治、经济、文化背景不同，性格爱好、职业身份、年龄性别、思想意识、价值取向、审美观念等存在差异，有时为维护自身的利益，难免会发生不同程度的矛盾或冲突。商务礼仪就是矛盾冲突的调节器和润滑剂，它能调整、改善相互间的紧张关系，或能化干戈为玉帛，或能增进彼此的理解和体谅，进而为双方架设一座友谊的桥梁，营造出一个和谐友善的交往氛围，实现双赢。

（三）扩大影响力，增强凝聚力

社会组织举办的专项活动是商务礼仪的一种具体表现方式，其目的一方面是扩大组织在社会上的影响力，另一方面是增强组织内部的凝聚力和向心力。

对社会组织内部而言，开张庆典或揭幕、揭牌等颇具仪式感的活动，可以鼓舞员工士气，激发员工对组织的热爱，激励员工的责任心和进取心，营造组织的良好风气。例如，著名的日本松下电器公司就是通过自己的"社歌""社训"活动，要求遍布世界各地的松下分公司的员工每日清晨上班前都要高唱松下"社歌"，穿着佩有企业标志的制服，让员工时刻意识到自己是公司的一员，从而确保每天保持在高昂的精神状态下工作。

对组织外部而言，精心组织的专项活动可以提高组织的知名度与美誉度。例如，通过精心策划新产品或突发事件的新闻发布会，在新闻真实性的原则下，让组织成为报纸、广播、电视报道的对象，给人们留下深刻印象，从而达到提高组织知名度与美誉度的目的。

五、商务礼仪的学习方法

学习商务礼仪不仅需要勤奋，也需要讲究学习方法。方法得当，则事半功倍。学习商务礼仪的方法主要有以下几方面。

(1) 联系实际。商务礼仪本身是一门应用学科。学习商务礼仪，务必坚持知行合一。注重社会实践，学以致用、用以促学、学用相长。这是学习商务礼仪的最佳方法。

(2) 循序渐进。学习商务礼仪应有主有次，抓住重点。可以从自己最熟悉或最喜欢的内容开始，往往会取得事半功倍的效果。然而值得注意的是，学习是一个渐进的过程，对一些规范、要求、习俗，只有反复运用、重复体验，才能真正掌握。

(3) 勤查勤问。一个人无论礼仪知识多么丰富，总会遇到不熟悉的商务环境、不熟悉的人，因此应当学习并了解其礼俗，至少要避免其禁忌之事，在来不及准备时，也可直接询问其禁忌，做到"入竟(境)而问禁，入国而问俗，入门而问讳"(《礼记·曲礼上》)，这样会避免许多不必要的尴尬。

(4) 多头并进。学习商务礼仪不应将其孤立于其他学科，而应将其与其他学科的学习相结合，如心理学、民俗学、美学、公共关系学等学科。这样，不但可以全面提高个人素质，还有助于灵活运用商务礼仪。

(5) 自我监督。古人强调提高个人修养要注意反躬自省，"一日三省吾身"。学习商务礼仪，也应进行自我监督、自我管理。这样，有助于自己发现缺点，找出不足，将学习和运用商务礼仪真正变成个人的自觉行动和习惯。

第三节　商务谈判的初步认知

"谈"是"讲、论，彼此对话"的意思；"判"是"评断"。结合起来就是对话双方明确阐述自己的意愿观点，努力寻求双方关于各项权利义务的一致意见。谈判具有多层次的认知，并具有明确目的性。人对谈判最初的认识是对利益的追求，然后是将合作作为谈判的目标，这样依赖存在的社会关系既为合作提供互补的可能，又是一种必要的谈判方式。终极目的就是为了使意见达成一致，对抗无益于谈判，谋求合作才是真理。

一、谈判的认知

(一) 谈判的内涵

从一般意义上讲，谈判就是为了达成一致意见而进行的磋商行为。人们对各自的需求都可以构成谈判的因素，同时也是为了满足彼此的需要而交换观点。谈判的内涵有广义和狭义之分，从广义的层面来看，在非正式的谈判中，只要涉及协商、交涉及商量等因素，都能称之为谈判。从狭义角度看，谈判的情景仅适于正式场合，是谈判双方进行当面相商的形式，目的是通过双方磋商达成互利合作的结果。

（二）谈判的特点

(1) 谈判是由各方当事人共同参与的。谈判是两方以上的交际活动，只有一方则无法进行谈判活动。而且只有参与谈判的各方需要有可能通过对方的行为而得到满足时，才会产生谈判。

(2) 谈判的目的是平衡各方的需求和利益。当人们想交换意见、改变关系或寻求同意时，人们开始谈判。这里交换意见、改变关系、寻求同意都是人们的需要。这些需要来自人们想满足自己的某种利益，这些利益包含的内容非常广泛，有物质的、精神的，有组织的，也有个人的。当需要无法仅仅通过自身，要与他人合作才能满足时，就要借助于谈判的方式来实现，而且需要越强烈，谈判的要求越迫切。

(3) 谈判各方具有依赖关系。人们的一切活动都建立在一定的社会关系基础上。参与谈判的各方可能是买卖关系、技术支持与被支持关系等，彼此具有依赖性。

(4) 谈判是一种信息交流过程。谈判需要解决问题、协调矛盾，不可能一蹴而就，需要不断地进行协商交流，它是一个信息交换的过程。

(5) 谈判成功与否的标志是最终能否达成协议。由于参与谈判各方的利益、思维及行为方式不尽相同，存在一定程度的冲突和差异，因而谈判的过程实际上就是寻找共同点的过程，是一种协调行为的过程，而谈判成功就是找到共同点达成协议。

二、商务谈判的认知

（一）商务谈判的内涵

商务谈判是指不同的经济实体各方为了自身的经济利益和满足对方的需要，

通过沟通、协商、妥协、合作、策略等各种方式，最后达成各方都能接受的协议的活动过程。

(二) 商务谈判的特点

由于商务活动的特殊性和复杂性，商务谈判活动表现出以下特征。

(1) 谈判对象的广泛性和不确定性。商务活动是跨地区跨国界的。就双方而言，无论是买者还是卖者，其谈判的对象可能遍及全国各地甚至全世界。同时，每一笔交易都是同具体的交易对象成交的，因此在竞争存在的情况下就会充满不确定性。

(2) 谈判条件的原则性与可伸缩性。商务谈判的目的在于各方面都要实现自己的目标和利益，但若达成这一结果，双方博弈的同时必然要达成某种妥协，这种妥协就具体体现在交易条件有一定的伸缩性，但不能以丧失自身的基本利益为代价，这即是谈判人员必须坚守的原则性。

(3) 内外各方关系的平衡性。谈判结果最终达成的满意程度其实取决于两方面的认可程度。一方面，自己阵营的评价；另一方面，谈判对手的接受。因此，这种满意还可以理解为来自谈判双方在构建彼此关系和内部关系时达成的平衡性程度。

(4) 谈判环境的多样性和复杂性。从某种意义上讲，只要具备谈判双方及某个物理空间，即可进行谈判。因此谈判环境本身会具有多样性和复杂性的特征，并非只有所谓的标准配置。但谈判环境的确会对双方的心理和发挥产生某种影响，可能是正面的，也可能是负面的。

(5) 合同条款的严密性与准确性。商务谈判的结果是由双方协商一致的协议或合同来体现的。合同条款实质上反映各方的权利和义务，合同条款的严密性与准确性是保障谈判获得各种利益的重要前提。切忌在拟订合同条款时，掉以轻心，不注意合同条款的完整、严密、准确、合理、合法，那么不仅会把到手的利益丧失殆尽，而且还要为此付出惨重的代价。

(三) 商务谈判的类别

商务活动的特殊性和复杂性导致商务谈判的对象、环境、时间、地点等都具有不确定性和复杂性。所以商务谈判的类别也呈现出多种方式。

1. 按时间分类

按谈判时间长短分类可划分为：①短期商务谈判，指时间在3个月以内的谈判。②中期商务谈判，指时间在3个月至1年内的谈判。③长期商务谈判，指时间在1年以上的谈判。

2. 按谈判地点分类

按谈判地点分类可分为以下三种。

(1) 主场商务谈判。主场商务谈判是在己方所在地进行的商务谈判，会给己方带来很多便利和优势，主要表现在：①谈判信心足。由于谈判是在己方所在地进行，在谈判时间表、各种谈判资料的准备、突发情况的请示汇报等方面均比较方便，从心理上会给予谈判者一种安全感，在谈判的态度上也能表现出充满自信、从容不迫。②礼貌待人，以德服人。作为东道主，必须懂得礼貌待客，在迎来送往、饮食住行方面都要安排妥当，使对方感受到如家的环境气氛，从而赢得对方的信赖。③内外线谈判。如果谈判在己方所在地或附近进行，那么客方就有条件了解己方的内部情况，如从工厂、企业等方面获取己方信息，为谈判增加筹码。

(2) 客场谈判是在谈判对手所在地组织的商务谈判。客场谈判的好处是谈判可能更为主动，在企业和领导授权的范围内更好地发挥能动性。然而，到对方的地盘进行谈判，可能会遇到很多陌生的东西，在谈判开始时就会形成一些无形的障碍，在谈判地位上显得比较被动，表现出"客随主便"。客场谈判在逗留时间、授权范围、远距离通信、经费限额等方面都会受到诸多限制，如果遇到不肯让步的对手，客场谈判将面临让步到底、坚持到底和一走了之三种选择。如果选择坚持谈判而对手又不肯妥协，往往会因对手"需要请示公司，请等待消息"等借口进入焦虑难耐状态。

(3) 中立地谈判。中立地谈判是指谈判地点设在第三地的商务谈判,通常为关系不融洽、信任度不高的谈判双方所选用。这种选择比较适合双方进行非实质性接触谈判,而且在谈判中较少受到干扰,谈判的物质准备交于第三方,可以减少事务性工作。

3．按参与人数分类

(1) 个体商务谈判。个体商务谈判是指双方只出一个主谈,只有一个人就一个问题进行磨合磋商,争取达到一致的商务往来。因此个体商务谈判没有外力可借助,必须调动谈判人员自身的主观能动性,调动自己所掌握的谈判策略,全力以赴。虽然可以全力以赴,也有论题转换灵活性的优点,但一个人知识面再广,经验再丰富,在遇到多学科、大领域、边缘性、交叉性、商务领域时,依然很难胜任,所以个体商务谈判应主要针对老客户、老产品、小范围、低金额才较为适用。

(2) 集体商务谈判。一个人以上、若干人在一起,以主要谈判人员为主,对某个话题、某个商务往来进行磋商磨合,争取达到一致。由于是集体谈判,就会有知识互补、经验交叉、集思广益的优点,并可借助同伴形成思想碰撞以产生火花。除此之外,还有人多势众的优势。但集体谈判也有其弱点,即易发散,不易集中,甚至讨论时如在团队中有强势人物,可以引导大家的思路。一般集体商务谈判分为三种类型:①小型谈判,一般4人以下;②中型谈判,一般4～12人;③大型谈判,一般12人以上。

4．按所在国度分类

按谈判的所在国度分类可分为两种:一种是国内商务谈判,指商务谈判参与方均来自一个国家内部。另一种是国际商务谈判,指谈判参与方分属两个或两个以上的国家或地区。

国内谈判与国际谈判的背景存在较大差异。对于国际商务谈判,谈判人员首先必须认真研究对方国家或地区相关的政治、经济、法律、文化、气候、环境等背景。同时也要认真研究对方国家或地区谈判人员的个人阅历、谈判风格等。此外，对谈判人员在外语水平、外贸知识等方面也有相应的要求。

5. 按谈判主体分类

个人间的商务谈判指以个体形式出现的商务谈判，既可以是代表私人间商业利益的谈判，也可以是代表组织进行的谈判；组织间的商务谈判是商务谈判中出现最多的一种类型，即组织以个体或团队的方式为谋求各自利益而进行的谈判；国家间的商务谈判，一是规格高，二是涉及国家层面的利益，三是通常牵扯多个领域或行业，比如中国加入世界贸易组织的谈判就是如此；几者之间的交叉谈判，这一类型出现的情况比较少，涉及前三类利益主体之间的利益博弈，因此内容复杂，谈判难度大。

6. 按谈判的利益主体数量分类

通常来讲，按照双方的主体数量，可以将谈判类型分为两种，即双边和多边谈判。其中双边谈判顾名思义谈判主体为两方，而且两方为正式的谈判利益主体。这种谈判关系明确，谈判客体简单，因此，双边谈判更易使意见相一致。多边谈判是指参与谈判的代表至少是三方利益代表，即谈判主体涉及三方或以上的谈判，又称"多角谈判"。多边谈判涉及的范围广，人员复杂，谈判之前的准备工作难度大。在实际谈判中，多边谈判往往演化为就某个问题意见相互对立的双方。由于参与方多、谈判条件错综复杂，需要顾及的方面也多，因此很难在多方利益关系中加以协调，从而增加谈判的难度。

7. 按谈判者接触方式分类

(1) 面对面谈判，指谈判双方(或多方)直接地、面对面地就谈判内容进行沟通、磋商和洽谈。日常生活中，大到每日媒体提及的国际国内各类谈判，小到推销员上门推销，售货员向顾客介绍商品，顾客与小商贩的商讨价格等，都属于面对面谈判。

(2) 电话谈判，即借助电话这一通信工具进行沟通信息、协商，寻求达成交易的一种谈判方式。它是一种间接的、口头的谈判方式。主要优势是快速、方便、

第一章　商务礼仪与谈判的相关概念

联系广泛。特别是在经济迅速发展的社会，在经济洽谈、商务营销中，方便、快速更有决定意义。

(3) 函电谈判，指通过进行磋商，寻求达成交易的书面谈判方式。该方式与电话谈判有相似之处，两者都是远距离、不见面磋商，但前者用文字后者用语音。函电谈判方式在国际贸易的商务谈判中使用最普遍、最频繁，但在国内贸易的商务谈判中则较少使用。

(4) 网络谈判，指借助于互联网进行协商、对话的一种特殊的书面谈判。基于电子商务的出现和迅猛发展，网络谈判方式也被企业提上重要的议事日程。

8. 按谈判议题方式分类

(1) 横向商务谈判。通常在谈判中，会遇到很多问题，按照顺序对预先设定的问题一一解决，当遇到不可调和的问题出现时，可以先搁置在一边，并对其他问题展开谈论，使问题逐渐得到解决。

(2) 纵向商务谈判。基本原则是要确定一个主要的问题，然后遇到一个问题，解决一个问题，直到全部问题都得以顺利解决。

9. 按谈判内容分类

由于企业经济活动的内容多种多样，因此商务谈判的内容也是复杂广泛。在经济活动中经常碰到的商务谈判主要有以下几种。

(1) 货物买卖谈判，指以达到商品交易成功为目的的谈判活动。这是交易中最具代表性的谈判，货物买卖谈判的内容十分广泛，这种谈判难度较低，条款比较全面，一般包括标的、质量、价格、日期、验收、装运、责任和支付条款等。

(2) 劳务贸易谈判，针对劳务中存在的劳务方式、时间及劳务的价格、支付形式等内容进行谈判的形式，当买卖双方之间涉及权利义务等内容时也可以选择此谈判形式。

(3) 租赁业务谈判，该谈判主要是针对法律层面租用标的物出现的状况而展开的，标的物问题具体包括选择何种标的物、双方标的物的交付情况、租期到期后如何进行处理、租赁期间权益责任人之间的责任及权利义务之间的关系处理等问题。

(4) 技术贸易谈判，这种谈判是围绕技术之间的买卖交易活动展开的。交易双方为技术的接收方和转让方，谈判的内容多是转让的技术形式、内容、质量规范等转让中触及的权利、义务等问题。

(5) 投资项目谈判。投资项目谈判可以分为两种：①创办独资企业的谈判，通常双方是企业与投资所在地的政府部门，因而谈判的内容主要集中在宏观方面，主要内容有投资项目、投资额、当地市场销售比例、税收政策、环境保护、劳动力雇佣、利润汇出、投资期限和财务审计等问题。②创办合资经营企业谈判，其主要发生在企业间，因而谈判的内容主要集中在微观方面，主要包括投资总额和各方的投资比例、出资方式、销售市场、组织机构、合营期限、投资缴纳的方式与时限、利润的分配等。

(6) 损害及违约赔偿谈判，这种谈判形式不同于上述所有谈判类型，它较为特殊。其中损害是指谈判中的一方让另一方名誉受损，或者造成伤亡及财产损失等。而违约则是指谈判中的一方单方违反合同，造成对方一定的经济损失。

10. 按双方采取的态度分类

(1) 软式谈判。软式谈判也称让步式谈判。这种谈判把对方视为朋友，强调的不是占上风，而是建立和维持良好的关系。

(2) 硬式谈判。硬式谈判也称立场型谈判。这种谈判视对方为劲敌，强调谈判立场的坚定性，强调针锋相对。

(3) 原则式谈判。原则式商务谈判是指把谈判作为解决问题的手段，重点放在利益上，根据价值达成协议。这种类型的谈判既吸取软式谈判和硬式谈判的优势，又避免二者存在的不足。这种谈判方式强调公正原则和公平价值，其主要特点是人、事分开，重点放在利益而不是立场上。谈判中对人温和，对事强硬。在做决定之前，先构思各种可能的选择，坚持根据公平的客观标准来做决定，并以此为前提，争取最后结果。

第四节 商务谈判的基本原则与程序

一、商务谈判的原则探究

如果要保证商务谈判的顺利进行，应掌握以下 11 种谈判原则。

（一）依法办事

依法办事原则是指在商务谈判及签订合同的过程中，要遵守国家的法律法规，符合国家政策的要求，涉外谈判则要求既符合国际法则，又尊重双方国家的有关法律法规。商务谈判的合法原则具体体现在三方面：①谈判主体合法，即参与谈判的企业、公司、机构或谈判人员具有合法资格。②谈判议题或标的合法，即谈判的内容、交易项目具有合法性。与法律、政策有抵触的，即使出于参与谈判各方自愿并且意见一致，也是不允许的。③谈判手段合法，即应通过合法的手段达到谈判目的，而不能采取不正当的方式方法。

（二）诚实守信

商务谈判中，谈判双方保持诚信非常重要。诚信在经济范畴内是一种稀缺资源。诚信中的诚，就是真诚、诚实，不虚假；信就是恪守承诺、讲信用。信用最基本的意思，是指人能够履行与别人约定的事情而取得信任。诚信，简单地讲就是守信誉、践承诺、无欺诈。

在商务谈判中坚持诚信原则，应体现在三方面：①以诚信为本。诚信是职业道德，也是谈判双方交往的感情基础。讲求诚信能给人以安全感，使人愿意与其洽谈生意。诚信还有利于消除疑虑，促进成交，进而建立较长期的商务关系。②信守承诺。如果谈判人员在谈判中不讲信用，出尔反尔，言而无信，甚至有欺诈行为，那么很难与对方保持长期合作。③掌握技巧。谈判是一种竞争，要竞争就离不开竞争的手段，为此，需要运用各种谈判策略、技巧。讲求诚信，不会阻碍谈判人员运用业务知识技巧进行谈判，以谋求良好的谈判效果。

总之，谈判就是既不提倡通过不诚实或欺骗的行为来达到自己的目的，也不反对运用有效的策略和方法。

(三) 平等自愿

商务谈判是双方为了满足各自的需要而进行的洽谈和协商，目的在于达成协议，满足各自所需。参与商务谈判的各方无论其经济实力如何，他们对合作交易项目都具有一票"否决权"。从这一角度来看，交易双方所拥有的权利是同等的。只要存在一方不自愿的情况，那么这种谈判就会面临失败。谈判双方必须共同履行约定，充分尊重对方的需求，尤其应该互相平等，互相尊重。同时，应尊重对方的意愿，在平等自愿的环境中进行商务谈判，才会使得谈判最终达到预期效果。

(四) 客观公正

所谓客观公正是指独立于谈判各方主观意志之外的合乎情理和切实可用的标准，这种客观标准既可以是市场惯例、市场价格，也可能是行业标准、科学鉴定、同等待遇或过去的案例等。由于谈判时提出的标准、条件比较客观、公正，所以调和双方的利益也变得具有可行性，具体表现为：①双方都可提出客观标准进行衡量；②经过讨论客观标准后，就要用客观标准说服对方，公正不移地按照客观标准进行衡量。总之，由于协议的达成依据是通用惯例或公正的标准，双方都会感到自己的利益没有受到损害，因而也会积极、有效地履行合同。

(五) 友好协商

在商务谈判中，尽管会存在双方产生争议的情况，但是应根据友好协商的原则来处理问题，杜绝采用要挟蒙骗甚至强硬的手段使对方妥协。即使出现不可协商的分歧，也一定要友好地进行协商。谈判双方应将眼光放远，寻求彼此谅解。做出中止谈判时，需要从多方面、多角度解析对方的实际情况，不能轻易放弃谈判，应多沟通，积极协商将谈判进行到底。

(六) 互利共赢

所谓互利共赢原则，是指在商务谈判中，要使参与谈判的各方都能获得一定的经济利益，并且要使其获得的经济利益大于其支出成本。谈判的任何一方在考虑自身利益获得的同时也要考虑对方利益的满足，而不能独自占有过多的经济利益。要懂得商务谈判需要学会妥协，通过妥协和让步来换取己方的利益。互利共赢的谈判是技巧问题、策略问题，其实更是观念问题。在谈判过程中，可以通过扩大选择范围，寻求多种方案，提出创造性建议，拉开谈判目标差异的方法进行互利共赢的商务谈判。

(七) 求同存异

寻求共同利益是谈判成功的基础点。但在实践中，双方虽然都意识到谈判的成功将会实现共同利益，谈判破裂会带来共同损失，但在行动上却会为各自的利益讨价还价，互不相让。最优化的方式应该是提出建设性意见，这种方式可以有效地帮助谈判双方将分歧从决策中分离出来，寻求共同利益，搁置分歧，尽量让对方的决定变得容易。在谈判中，为了寻求共同利益，还可以采用拉开谈判目标差异的方法，即把目标与其他利益挂钩，从对方考虑的难题出发，寻求达到自己的目的途径，以缓和双方的利益之争，即"合作的利己主义"。

(八) 时效性

时效性原则就是要保证商务谈判的效率与效益的统一。商务谈判要取得高效益，就不能搞马拉松式的谈判。在谈判中要有时间观念，任何谈判都不可能无休止地进行，时间成为影响谈判成功的重要条件。时间会有利于任何一方，关键是看人们如何利用时间。在谈判中，人们最容易做出让步的时间是接近截止期时，当谈判接近截止期时，会使谈判者从心理上产生压力，不得不做出让步，谈判者应在此时注意把握时间，谨慎考虑。另外，谈判是一种投资，因为在谈判中需要花费时间、精力和费用。这样，谈判的投资与取得谈判经济效益就存在一定的比例关系。以最短时间、最少精力和资金投入达到预期的谈判目标，就是高效的谈判。

（九）利益集中

谈判就是为了解决利益矛盾，寻求各方都能接受的利益分配方案。因此在谈判中要紧紧着眼于利益，而不是立场。谈判的根本不在于双方立场上的冲突，而在于双方需求、愿望、想法等方面的冲突。立场上讨价还价具有一定的消极性：一是违背谈判协商的准则，无法达成协议。二是会破坏协商谈判的气氛。因此要集中于利益而非原则的可行性，调和双方的利益而不是立场，这种方法之所以奏效，有两个原因：一是每一项利益可以通过多种方式得到满足，人们如果只采取最显而易见的立场态度，容易陷入僵局。二是对立的立场、态度背后不仅有冲突的利益，还有更多其他利益。所以，协调利益而不是立场、态度，更容易解决问题。

（十）人与问题分开

这是指在谈判中区分人与问题，把对谈判对手的态度与对讨论的问题区分开来，就事论事，不要因人误事。把关系与实质问题分开，以一种向前看的眼光，将双方的关系建立在正确的认识、明朗的态度、适当的情绪上。

1. 区分人与问题的必要性

（1）自我往往容易卷入现实当中。由于双方的对峙地位，总是对对方抱有一种戒备心理，总是从本位的立场看问题，这样容易把自己的立场和现实混为一团，造成一些误解。

（2）判断过于简单，结论缺乏根据。人们常常从没有根据的推论中得出结论，并把这些结论作为对人的看法和态度，而不去想其他解释也可能是正确的。由于上述原因的存在，会给谈判带来严重危害。

2. 区分人与问题的方法

（1）当对方的看法不正确时，应寻找机会让他纠正，使他正确理解己方观点。

（2）当发生误解时，应设法加强沟通，让双方都参与到提议与协商中来。

（3）当对方情绪过于激动的时候，应给予一定的理解，让对方感受到被充分地尊重。

(4) 当遇到问题时，尽量多阐述客观情况，避免指责对方。

总之，在思想上把对方当作自己同舟共济的伙伴，把谈判过程视为一个携手共进的过程；在方法上把对方当作朋友，了解他的想法、感受、需求，给予应有的尊重，把问题按照其价值大小的顺序来处理。

（十一）礼敬对手

礼敬对手是谈判中需要保持的基本风度，在谈判过程中难免会遇到各种争论，但是谈判双方都应保持礼貌相迎，态度真诚，不去恶意嘲讽别人，甚至进行人身攻击，让整个谈判氛围处于和谐的环境中。因为双方的不礼貌或不理解，不仅不能够让对方接纳自己的观点，而且很有可能会使谈判破裂，在以后的谈判中影响自己的思维。为了要说服对方，或者改变他的意见或行为，最有效的方法就是冷静、客观地把事实摆在对方面前，让他能够心悦诚服地接受意见。

二、商务谈判的程序分析

商务谈判在流程上的要求比较严格，只有事先对相关模式和涉及的阶段有较为熟练的把握，才有可能在谈判中掌握主动，获得预期的结果。

（一）PRAM 模式

所谓 PRAM 模式，是指谈判由四部分构成，分别是制定谈判计划、建立关系、达成协议及协议的履行和关系的维持。

1. 实施的前提

PRAM 谈判模式的设计与实施有一个重要的前提：必须树立正确的谈判意识。这种谈判意识是整个模式的灵魂。

PRAM 谈判模式要树立的谈判意识包括以下几点。

(1) 谈判是协商，而非"竞技比赛"。竞赛是以输赢为结果的，冠军只有一个。谈判则不同，谈判是通过信息沟通，使双方在充分认识目前和未来可判断环境的基础之上，不断调整自身的需要而形成的满足双方需要的方式选择。

(2) 在谈判中，双方除了利益关系外还有人际关系，后者是实现前者的基础和保障。任何交易都是有风险的，必须付出成本，因此，为了控制交易风险，谈判双方必须首先对交易伙伴做出评估和选择，良好的人际关系是彼此建立好感与信任的基础。

(3) 谈判双方的利益关系应该是互助合作关系。谈判双方之间的关系既有合作关系又有竞争关系，是合作基础上的竞争。如果把市场比作一块蛋糕，那么，谈判双方必须首先通力合作把"蛋糕"做出来，然后才是蛋糕如何分割得更合理、更有效率，更能满足双方的需要。

(4) 谈判者不仅要着眼于本次交易谈判，还要放眼未来，考虑今后的交易往来。商务谈判不同于其他事务的谈判，其主要目的是满足双方的经济利益。对经济利益的追求是所有企业永不停息的追求，只要企业存续，就不可能停止商务谈判。而每一次谈判之间并不是截然孤立的，企业实力的表现、企业诚信形象的树立是通过每一次的活动逐步形成的。寻找一个交易伙伴是有代价的，谈判方案的执行依然需要双方的共同努力与合作，因此，谈判过程中必须有长远考虑。

这种谈判意识会直接影响和决定谈判者在谈判中所采取的方针和策略，也决定谈判者在谈判中的行为。

2. 实施的过程

(1) 制定谈判计划。对谈判计划的制定，双方应对谈判目标具有清晰的认知，当双方谈判目标得到确定后，再将各自的目标进行融合，最终做到目标一致。这时候双方在谈判中便可围绕共同的利益点展开谈论。这种方法不仅激发双方的谈判兴趣，还能弥补过程中出现的意见相左的问题。如果双方的意见不一致，则需要双方拿出更具开放性的创新型思维，努力探求出双方都满意的方法解决矛盾。

(2) 建立关系。良好谈判关系的建立，需要双方付出真诚并创造出融洽的谈判关系。

(3) 达成协议。谈判的基础是信任，信任达成后，即可迈进实质性谈判阶段，这一阶段一般需要先将对方的目标进行确定，然后得出双方共同意见，如果出现意见相左的情况，可以互相交换意见，从而得出双方利益都能得到满足的解决方案。

(4) 协议的履行。履行协议是谈判的最后阶段，即对谈判结果的验证阶段，也是最容易形成误区的时候，当一方满意协商的结果而认为对方可以立即履行其责任及义务时，殊不知，协议书终究是协议书，内容再为严格也不及人的不作为，对方没有如期履约，协议书当然就只是协议书，无法得到真正落实。

(二) 商务谈判的基本阶段

1. 准备阶段

商务谈判必然要经过准备的阶段，也是比较重要的一个步骤。这一阶段需要谈判者对相关的情报、谈判对象的选择、谈判方案等因素进行关注，这些前期的准备工作，都将有效促进谈判的顺利进行。

2. 初始阶段

谈判的初始阶段，其实是谈判的前奏和对其的铺垫。初始阶段的顺利实施对以后的谈判影响较大。如果开局有利，必然能形成较好的谈判氛围，给谈判者创造有利的谈判地位。

3. 试探阶段

这个阶段发生在报价前、实质性谈判后，这个阶段谈判双方都可以交谈各自的意图及想法，对对方的需求加以试探并协商谈判的具体形式，从而达成双方一致的意见，另外对各自报价进行评估，同时做出相应的准备工作。在此过程中，双方通过互相试探，也在不断调整自己的谈判期望与策略。

4. 商议阶段

商议阶段出现在谈判成交之前、一方报价后，这一阶段起到决定性作用，属于核心阶段，它是谈判策略及技巧的焦点所在，因此也是谈判最为困难的阶段。这个阶段直接决定谈判的结果，包括报价、讨价、异议处理、压力与反压力、僵局处理、让步等诸多活动和任务。这一阶段跟试探阶段没有明显的鸿沟，两个阶段相互成就，换句话说，如果谈判双方就价格问题不能达成一致意见，那么双方的谈判内容也将继续选择其他问题进行洽谈，通过再次试探击破一个个价格壁垒。

5. 成交阶段

这一阶段发生在协议签订完毕前、双方达成主要交易条件后。其重点是双方已经创造出可以实现交易的条件，不过并不是说双方没有任何争议的问题。事实上，双方完全可以完成价格及主要交易条件的谈判，双方的利益已经得到合理实现。这一阶段的重点是对前期谈判做出总结，最后得出报价完成交易，同时拟定合同条款及对合同进行审核与签订等。

6. 协议后阶段

协议后阶段属于谈判的最后阶段。谈判进行到这一阶段，签订合同便不是最为主要的内容了，而是要使对方履行合同。所以，谈判的最后阶段也就是对谈判进行总结和资料整理的过程，目的是保证谈判双方都能够履行与维护合同中涉及的内容。

第二章　商务活动中的礼仪规范

礼仪对文明社会生活的各方面都至关重要，礼仪是基本的为人处世的规范，对谈判对手注重礼仪会给自身带来相关利益。本章围绕商务礼仪中的个人礼仪、交际礼仪、餐饮礼仪、涉外礼仪展开探讨，着重对商务活动中的礼仪规范进行分析。

第一节　商务礼仪中的个人礼仪

一、仪容礼仪

在仪表礼仪中，仪容被看作是最为核心的部分。因此在商务工作场合中，应注意自身的仪容仪表，并注重发型和化妆两方面。

(一) 发型的要求

在人际交往的过程中，最先看到的是头发，头发是人身体当中处于最高点的部位，很容易吸引别人的视线，所以商务谈判人员要把自己的头发打理好，这是保持整体形象的基本要点。

对头发的要求主要包括以下两点。

(1) 干净整洁。作为商务人士应时刻注意保持头发清洁，避免蓬松凌乱，唯其整齐，才有干净可言。

(2) 头发的长短要适宜。头发的长度具有明确的要求，比如男性头发大概在6cm左右，长度不要过领口，前额头发长度不要过额头。女士的头发长度不要超过肩膀，刘海不要挡住眼睛，在严肃的工作场合要把头发挽成发髻盘在头上，不能披头散发。

(二) 化妆的相关规定

人可以通过化妆使自己的面容更加美丽，形象更加得体，也能使自己生活更自信。

1. 化妆的原则

化妆的基本原则主要有两点：一是自然美化原则。化妆要化得美丽、生动、具有生命力，更要真实、和谐、自然，切不可矫揉造作。化妆是为了修饰自己容貌的不足之处，使自己变得更加靓丽，但要避免人工修饰的痕迹过浓。突出自己的自然美，以淡雅的妆容给人留下最深刻的印象，才是化妆的最高境界。二是整体协调原则。面部协调，即面部化妆部位色彩搭配、浓淡协调，所化的妆针对脸部个性特点，整体设计协调。全身协调，即面部化妆还须注意与发型、发色、服饰、饰物协调，力求取得完美的整体效果。场合协调，即根据不同的场合化不同的妆容，化妆要与商务活动的场合气氛一致。身份协调，即化妆后要适合自己所从事的职业。

2. 化妆的规范

合适的妆容可以提升人的形象，能够在商务活动中展现自身良好的精神状态，表现出对于自己职业的尊重，同时也是尊重他人的一种表现。具体规范有以下几点。

(1) 化妆应以淡妆为主。商务人士在工作岗位上应当化淡妆，实际上就是限定在工作岗位上不仅要化妆，而且只适宜化工作妆。有人将这一规定简洁地叫作"淡妆上岗"。淡妆的主要特征是简约、清丽、素雅，具有鲜明的立体感。

(2) 避免妆面出现残缺。

(3) 避免当众化妆或补妆。化妆过程不雅，既是对他人的妨碍，也是对自己的不尊重。假若真需要修饰，应到洗手间去进行。

(4) 不要大量地使用香水。香水适合使用的位置有两个：①容易扩散香味但不会使衣服脏污的部位，比如口袋、内衣、裙摆的内侧、领口或是西装插袋巾的下侧等；②离脉搏跳动比较近的地方，比如膝盖、耳根、脚踝、手腕、耳侧脉搏等。

(5) 不要和别人讨论与化妆有关的问题。在工作时，不要随意评价他人的妆容。

二、仪态礼仪

在商务工作中，具备优美的仪态是非常重要的因素。人的仪态有动态美和静态美两种形式。相貌美固然重要，但是优雅得体的动作会使人印象深刻。优雅的仪态比相貌更容易体现出人的精神状态，仪态礼仪主要体现在以下几方面。

（一）坐姿方面

坐到座位上之后保持的姿势称为坐姿。正确的坐姿应该是：①在拉动椅子之前，用右腿抵住椅子的背部，右手拉出，不要弄出很大的声音。②从椅子的左方入坐，如果女士穿着裙子，那么要把裙子边拢起来，然后再坐下。③坐下的动作不要太轻或者太重，也不要太慢或者太快。如果动作太轻，会给人一种谨小慎微的感觉。如果动作太重，会给人一种粗鲁的感觉。如果动作太慢，则给人一种时间观念不强的感觉。如果动作太快，会给人一种缺乏教养的感觉。应保证整个过程自然优雅、不疾不徐。④在落座之后身体的上半部要和桌子保持一个拳头的距离，坐满椅子的2/3，不要只坐一个边或者将整个身体陷在椅子当中。⑤坐下之后要上身挺直，不要随意后仰或前倾。⑥肩膀自然放松，双手自然下垂，双手交握在膝盖上或者双手并拢，也可以将一只手放在椅子或沙发的扶手上面，另外一只手放在膝盖上。⑦腿和膝盖并拢，不翘腿或盘腿，也不要抖腿，脚踝并拢。

（二）站姿方面

站立时所保持的姿势就是站姿。站姿能够呈现出人的仪态美。保持正确的站姿非常重要，站姿要稳定、端正、挺拔。应以鼻子为点向地面作垂直线，身体的垂直线成对称状态。

人们可以在某些场合来调整一下自己的站姿。男性可以将双手放在背后，两脚稍微分开，和肩膀保持同距。女性保持上身直立，两脚可以稍微调整，比如说呈大、小丁字步的状态。这些礼仪规范可以被用于接待宾客的隆重场合。在比较随便的场合或轻松的状态下可以放松，但是仍然要挺胸、收腹、抬头、提臀，保持身体的挺拔。

（三）行姿方面

行走时所保持的姿态就是行姿。正确的行姿应该是：①速度不能太快或者是太慢。如果太慢会显得缺乏时间观念，整个人没有活力，如果速度过快，会有一种不稳重的感觉。②头和脖子保持正直状态，面色自然。③上身保持挺直，收腹挺胸。④双臂收紧，自然摆动，向前摆时稍微向里折35°角左右，向后摆时向外折约15°角。⑤先出脚尖，后落脚跟。⑥男性脚步应该沉稳大方，女性脚步应充满活力，身体轻盈。⑦身体重心要落在前脚掌，女性两脚要保持在一条直线上，男性则要保持在两条平行线上，距离不应该超过5cm，太大或者是太窄都不合适。

（四）表情方面

人的脸部所呈现出来的各种状态，被称为表情。通过表情的变化可以传达内心思想。脸部所呈现出来的态度变化，则展现出一个人独有的神态。在通常状况下，表情和神态是可以共用的，指的是人的脸部所呈现出来的变化。在商务活动当中，要把握好自己的表情，表现出热情、友好、真诚。只有这样才能够使对方感受到真诚和友善。这是一名合格的商务人士应必备的职业修养。

在商务活动当中的表情非常多，但最关键、最基本的两种表情便是真诚微笑和诚恳的眼神。

（五）手势方面

用手臂、手指、拳头、手掌等一系列肢体动作，表达内心情感的行为被称为手势。手势是一种身体语言，它是态势语言当中的关键部分，是具有表现力的一种语言形式。手势表达能力仅仅低于脸部表情，在商务活动当中，手势起着非常关键的作用。精准的手势动作配上生动有趣的语言，会使整个交往过程非常顺利和谐。

（六）空间礼仪

合适的距离在人际交往当中非常重要，如果距离合适可以使双方感情得到升华，不合适的距离则会使双方产生尴尬，使整个工作过程不顺畅。因此合适的空间距离可以表现出两者之间的亲疏关系、尊卑关系、客我关系、职级关系等。

1．空间距离

人们之间的空间距离是可以用界域或距离的大小来衡量的。常见的社交距离分为以下四种。

(1) 亲密距离。45cm 之内为亲密距离。这是恋人之间、夫妻之间、父母子女之间以及至爱亲朋之间的交往距离。亲密距离又可分为近位和远位两种。近位亲密距离在 15cm 内。这是一个"亲密无间"的距离空间，在这个空间内，人们可以尽情地表现安慰、保护等多种亲密情感。远位亲密距离大约在 15~45cm。

(2) 礼仪距离。1.2~3.6m 为礼仪距离，人们在这一距离时可以打招呼。这是商业活动、国事活动等正式社交场合所采用的距离。采用这一距离主要在于体现交往的正式性和庄重性。

(3) 社交距离。45~120cm 为社交距离。这一距离有较大开放性，亲密朋友、熟人可随意进入这一区域。

(4) 公共距离。3.6~7.5m 为公共距离，处于这一距离的双方只需要点头致意即可，如果大声喊话，视为失仪。

2．影响因素

影响空间距离的因素主要包括以下四方面。

(1) 社会地位和年龄差异的影响。这是立体的空间观念，不仅包括距离的大小，还包括高度的多少。适当的距离可以使身份更具有威严性。在中国，领导和长辈一般喜欢面向南而坐，西方则喜欢坐在椭圆桌头的位置。这些都是证明了年龄和地位是决定空间距离的重要因素。

(2) 文化背景或民族差异的影响。不同的文化和民族也决定了人与人之间的距离，比如西班牙人和阿拉伯人在交谈的时候喜欢靠近讲话，而讲英语国家的人不喜欢近距离接触，除此之外，东方人对于个人隐私性的概念比较弱，而西方文化则非常强调个人隐私。

(3) 性格或兴趣差异的影响。不同人的性格、学识修养和兴趣等各不相同。如果不能志同道合，两人之间就难以进行亲密交流。所以，一般而言，脾气秉性相投的人较容易形成亲密关系，相应的社交距离也就比较小。

(4) 情绪状态和交往场景差异的影响。就情绪状态而言，如果一个人心情愉悦，与其他人交往起来自然给人以如沐春风的感觉，其他人也会与之形成亲密距离，往往皆大欢喜。若一个人恼羞成怒，暴跳如雷，自然人人敬而远之。此外，人们需要根据场合要求来调整社交距离。一对恋人在私人空间里十分亲密，小动作不断是可以的，但到了社交场合则应保持适当距离，否则就会显得轻浮。

三、交谈礼仪

交谈出现在社会的各个领域中，如外交、教育、商贸、公关、政治、科学等，是一种非常重要的语言形式。

交谈是交流思想和表达感情最直接的途径。在商务交往过程中，常常因为不注意交谈礼仪规范，或措辞失误，导致商务交谈失败。因此为了达到良好的交谈效果，必须遵守相应的交谈礼仪。

(一) 交谈规范

在交谈过程中应注意的基本礼仪规范主要有以下几点。

(1) 双方的位置要适度，交谈距离以使对方听清内容为宜。交谈距离一般是 0.5~1.5m；尊重距离是 1.5~3m；公共距离是在大庭广众下与陌生人的距离。

(2) 语言自然。在交谈中保持平等尊重的关系。如果是和下级、晚辈交谈，不要以一种高高在上的态度谈话；如果是和长辈或上级交谈，也不要觉得低人一等。为了更好辅助自己讲述的内容，可以用一些手势，但是不要用手指对方。

(3) 不要谈论个人隐私及避讳的内容。话题应尽量避开粗俗的内容，也不要使用不雅的口头语，这些都使人感到格调低下，甚至会冒犯对方。交谈中适当伴以幽默、风趣的内容，可以缩短心理距离，增加话题趣味，但切忌开不适当的玩笑，使得双方尴尬。

(4) 应谈论双方都感兴趣的内容。交谈是一种信息交流的形式，双方都愿意谈论才能够使沟通得以实现。在交谈过程中，不能只谈论自己喜欢的话题，不顾及别人的内心感受，而是要留意对方的神情，通过细微的变化来判断对方对这个话题是否感兴趣，并询问对方对于这个话题的意见。

(二) 交谈技巧

交谈是商务人士传递信息、情感，增进彼此了解的一种方式，但交谈中如何把话说好，让所有人都感到愉悦却不是一件容易的事。这就需要商务人士掌握一定的交谈技巧。

(1) 话题的开头。一般商务交往中，与人谈话最困难的就是话题的开头。主要是由于双方不太熟悉，不了解对方的喜好与禁忌，同时又受到时间的限制等，不宜冒昧提出话题。在这种情况下，就地取材往往是简单而得体的途径。如周围的风景、环境、衣着打扮等。

(2) 问话。高明的问话不仅能起到投石问路的作用，还能延展话题到更深层次的交流，达到沟通的目的。问话应注意以下方面。①根据不同对象问不同的话题。所问的问题要适合对方的水平和能力。②问题不应过于抽象或过于简单。过于抽象的问题会使对方无法理解说话人的意图，出现答非所问；过于简单的问题用"是"或"不是"即可解答，会给人以咄咄逼人的审问感。③态度要谦逊。问话时应从友好的态度出发，彬彬有礼，语气谦和。多使用谦词，会使对话友好平和。④避免一些问题的提问。商务交谈中应避免询问隐私和涉及商业机密的问题。

(3) 答话。答话是针对提问来讲的，同问话一样也有讲究，优秀的答话会显示出商务人士的涵养、才智与风度。通常答话有以下两种情景：①无恶意提问。

一般情况下，面对问话人的提问，采取从容礼貌的态度对答如流，会充分显示商务人士的智慧、自信和风度。对于无恶意的提问，如果避而不答，反而会给人不够大方不够礼貌的感觉。②有意刁难提问。商务人士在社交场合中难免会遇到具有攻击性的问题，针对这样的问话，可采取模糊或诙谐幽默的方式来回答，既不伤害问话人，也不会使自己难堪。

(三) 交谈禁忌

1. 方式的禁忌

在交谈过程中应避免：①夸夸其谈。在任何场合、任何情况下，夸夸其谈都是令人反感的。虽然谁都难免说点大话，但一定要控制在自己力所能及的范围内，否则难以让人信赖。②反复唠叨。交谈中要分清主次，注意长短。同时要注意观察对方的反应，若对方不再想听，应立即停止或更换话题。在商务活动中，人们做事情比较注重效率，所以讲话应以简洁明了为宜。③自我为重。商务人士在人际交往中谈到自己时一定要保持分寸，适可而止。以自我为中心的人，一旦开口就滔滔不绝，易引人反感。④避免争执。成功的商务人士会把交谈始终控制在轻松平和的气氛中，从不使用一些容易引起争辩的言语。争辩也许能显示出个人的思维敏捷和语言能力，但交谈的目的并不是炫耀个人能力，即使在话题中可能辩论赢了，但咄咄逼人的态度也会让人反感。

2. 内容的禁忌

在交谈过程中，不得非议党和政府，在思想、行动上与党和政府保持一致，爱国守法是每一个公民的基本职责；不得非议交谈对象的内部事务，时刻谨记不要随便挑剔别人的对错，即使是大是大非的问题，也不宜当面指责，让对方难堪；不得背后议论领导、同事，在外人面前评论自己同事的不是，会让别人对自己的人格、信誉产生怀疑；不得涉及个人隐私，关心别人值得提倡，但要关心有度。在与外人交谈时，要做到"五不问"：不问收入、不问年龄、不问婚否、不问健康、不问个人经历。

四、服饰礼仪

服饰体现着一个人的文化修养和审美情趣，是一个人身份、气质、内在因素的名片。在各种商务场合中，商务人士得体的着装通常体现着自身的仪表美，也有助于增加交际魅力，给人留下良好的印象。因此，服饰礼仪要求商务人士的穿着打扮既符合身份，又符合商业规范，力图通过规范化的着装既展示商务谈判人员的个人精神面貌，又体现所在企业的良好形象。

(一) 服装类型

就商务谈判人员而言，主要的服装类别有西服、制服和职业套裙。

(1) 西服是男士的正装、礼服，其种类繁多，可分为工作用、礼服用、休闲用等。男士想要使自己所穿的西服称心合意，就必须在西服的选择、穿法和搭配方面用心，既不能循规蹈矩，毫无个人特色，又要遵守相关的礼仪规范。

(2) 职业套裙。女性商务人士在正式场合想要显得衣着不俗，不仅要注意选择符合常规要求的职业女装，更要注意穿着恰当，搭配得体。一般来说，在正式的场合最适宜的职业女装是职业套裙。

(3) 制服。不同的商务人士代表不同的行业或企业。商务人士的制服不仅可以使人员的身份有所区分，还可以反映出企业文化和企业形象。

(二) 搭配技巧

鉴于商务谈判活动属于正式的商务活动，所以在谈判场合的着装宜偏重保守，以西装、套裙或制服为主。除此之外，也可考虑长裤、长裙和长袖衬衫。如在正式谈判前双方的接洽和沟通，尤其是在一些休闲娱乐场所，则服装可以根据场景选择运动装、休闲服等非正式装束，显得舒适、自然。

1. 西装的搭配

(1) 西装与衬衫的搭配。正装衬衫宜选择不起球、不起毛、不易褶皱的精纺纯棉、纯毛制品，以棉毛为主要成分的混纺衬衫也可酌情选择。颜色方面，白衬衫是正规商务活动中必备的，另外，蓝色、灰色、棕色和黑色也可根据搭配酌情考虑，不宜太过鲜艳。图案方面，大体上以无图案为佳，较细的竖条衬衫在一般性商务活动中也可以穿着，但不能同时穿条纹西装。衣领方面，西装的衣领应紧贴衬衫衣领，并且衬衫衣领应比西装领高 1~2cm，即西装的衣领不能接触到颈部。

(2) 西装与领带的搭配。领带的面料以真丝或羊毛为首选，外观上平整美观，无跳丝、线头和瑕疵，衬里不变形，自然悬垂，较为厚重。色彩方面，正式的商务场合中领带颜色不能多于三种，同时尽量少打浅色或艳色领带，应与西装和衬衫色彩协调，最好形成一定的对比。正式场合佩戴的领带主要是单色无图案，也可以是条纹或规则的几何图形。另外，下端为箭头的领带是传统正规的样式。

(3) 西装与鞋袜的搭配。与西装搭配的鞋只能是皮鞋，颜色以黑色最适宜，系带式最正统。在商务活动中穿着皮鞋必须做到：鞋内无味、鞋面无尘、鞋底无泥、鞋垫相宜和尺码恰当。袜子宜与皮鞋同色，深色、纯色为宜。其次要注意完整，观察颜色是否一致。最后袜子要合脚，不能太短，不宜低于自己的脚踝。

(4) 西装与公文包的搭配。一般来说，男性商务人士的公文包面料以真皮为宜，牛皮和羊皮制品最佳。通常黑色、棕色的公文包最正统。从色彩搭配角度讲，和西装、皮鞋的搭配也讲究"三一定律"。最标准的公文包是手提式的长方形公文包。在使用公文包时要注意以下几点：①包不宜多，不能同时背多个；②包不宜张扬和显示名牌；③包内整洁；④包不乱放。

2. 套裙的搭配

(1) 套裙与衬衫的搭配。与套裙搭配的衬衫，从面料上讲，要求轻薄而柔软，所以真丝、府绸、麻纱、涤棉都比较适合。从色彩上讲，要求雅致而端庄，所以除白色外，其他只要不过于鲜艳并与套裙配套的单色衬衫均可。衬衫与套裙的颜色协调主要有外深内浅和内深外浅两种方式。从衬衫的穿着上讲，衬衣的下摆要掖入下裙中，不能悬垂于外或在腰间打结。衬衣的纽扣除第一粒按照惯例可以不系，其他的都要扣好。

(2) 套裙与鞋袜的搭配。商务场合女士套裙与鞋袜的搭配，首先在材料方面，鞋子宜皮鞋，牛皮为佳，袜子则可以是弹性较好的尼龙丝袜或羊毛袜。其次在颜色方面，穿深色系的套裙时鞋子颜色以黑色为佳，穿浅色套裙时则可以选择棕色、咖啡色和白色等。袜子的颜色以肉色、黑色、浅灰和浅棕为主，要注意的是必须是单色且袜子颜色不能深于套裙。再次在款式方面，与套裙搭配的鞋子以高跟、半高跟的船式皮鞋和盖式皮鞋为宜，袜子则是长筒袜和连裤袜。

(3) 套裙与公文包的搭配。商务女士可选择的公文包类型多样，有传统的公文包，还有一些样式比较新颖的皮包。总的来说以真皮质地黑色或棕色单肩包为宜。

(三) 着装技巧

1. 男士着装

根据西装礼仪的基本要求，男性商务人士在穿西装时，要特别注意以下几方面。

(1) 西装穿着讲究"三个三"：①三色原则。男士在正式场合穿着西装套装时，全身颜色必须限制在三种之内。②三一定律。男士穿着西装外出时，身上有三个部位的色彩必须协调统一，即鞋子、腰带和公文包的色彩必须统一。最理想的选择是黑色。③三大禁忌。一是袖口上的商标没有拆，二是在正式场合穿着夹克打领带，三是袜子出现问题。在商务场合，尼龙丝袜和白色袜子最好不要穿。

(2) 慎重搭配内里。为了让西装穿起来更有型，西装上衣内除了衬衫与背心外，最好不要再穿任何衣物，若是在冬季寒冷时，可以穿一件V形单色羊毛衫，不妨碍打领带，其他领口则都不适合。如在衬衣内搭背心，则不外露为基本要求，而且背心的颜色要与衬衫的颜色相仿，不能带数字或图案。

(3) 纽扣的系法。西装的纽扣较多，上衣、背心及裤子都有扣子，而这些扣子的系法是有讲究的，主要包括：①西装上衣的扣子在坐下时，为防止西装变形，可以解开扣子；站立时西装上衣的扣子最好扣上，以示庄重。对于单排扣的上衣，坚持"扣上不扣下"的原则，例如单排两粒扣，就扣上一粒；单排三粒扣以上，可以扣第一粒或第二粒或前两粒。对于双排扣上衣，则坚持"全扣"的原则。②西装马甲的扣子，单排扣的背心一般只留最下面一粒不扣，双排扣的背心则坚持"全扣"。③西装裤子的扣子一律要扣好，出门之前必须检查。如果裤子是拉链，就要注意拉链下滑的问题，及时调整。

（4）不卷不挽。穿西装要看上去挺拔，衣袖和裤子不宜卷起。西装脱下后不要随意丢放或搭在肩上或抱在怀里，而应平整地挂在衣架、椅背上。

（5）少装东西。西装口袋装饰性大于实用性，不宜装太多东西在里面，而且每个口袋适宜装什么都有讲究。左胸外侧袋只可放西服方巾；上衣内侧口袋可放钢笔、钱夹和名片夹等，也不宜多放；上衣外侧下方的两个口袋原则上不放任何东西；西装背心口袋均为装饰性口袋，只适于放怀表；西装裤子口袋只能放纸巾、钥匙等小物件；裤子后袋不放东西。

2. 女士着装

女性的职业装比男性更具个性，但也需符合要求。具体来说，包括以下几方面。

（1）穿着端正。上衣领子要完全翻好，衣袋的盖头要盖住口袋；衣扣一律扣上，特殊情况下第一颗可不扣；穿套裙时一定要穿衬裙，特别是穿丝、棉、麻等薄型面料或浅色套裙时。

（2）大小适度。上衣最短可以齐腰，裙子最长可以到小腿中部，上衣袖长要盖住手腕。

（3）协调妆饰。穿着打扮讲究的是着装、化妆和配饰的风格统一，相辅相成。穿套裙时，不可不化妆，也不可化浓妆。配饰要少而精，合乎身份。

（4）注意场合。女士在职场中一般穿着套裙为宜，尤其是商务活动中。其他场合，则可选择与场合协调的礼服和时装。

（5）兼顾举止。套裙最能体现女性的柔美曲线，但要求举止优雅，注意个人仪态。

第二节　商务礼仪中的交际礼仪

一、见面礼仪

见面礼仪是日常社交礼仪中最常用、最基础的礼仪，人与人之间的交往都要用到见面礼仪，特别是从事商务活动的人士，掌握一些见面礼仪，能给客户留下良好的第一印象。

（一）见面介绍

在商务交往中，人们往往需要首先向交往对象具体说明自己的情况，即介绍。介绍一般可分为三种：自我介绍、介绍他人和介绍集体。

1. 自我介绍

社交场合中自我介绍是必不可少的，以此可以更好地展示自己，加深印象。既能增进别人对自己的了解，又能创造出商机。当进行自我介绍时，通常需要注意以下三点：①给对方递名片；②时间简短；③内容完整。另外，自我介绍中不可缺少的包括单位、部门、职务、姓名等内容。其中姓名要完整；单位，尤其供职的单位及部门，尽可能全部报出；而涉及关于具体的工作部门，可酌情汇报；涉及的职务，可根据具体情况，报出自身担任的职务，若无职务亦可说明自己从事的工作。

2. 介绍他人

向别人介绍他人时，基本遵循这样的顺序，按照先卑后尊进行介绍，而依据一般的规则，为他人介绍时遵循顺序应为：①当面对上下级时，应该按照"下级在前，上级在后"的顺序进行介绍；②当面对长晚辈时，依照"先晚辈后长辈"的顺序进行介绍；③当介绍年长者与年幼者时，依照"先年幼者后年长者"的顺序进行介绍；④当介绍女士与男士时，依照"先男士后女士"的顺序进行介绍；

⑤当介绍已婚者和未婚者时,应依照"先未婚者后已婚者"的顺序进行介绍;⑥当面对同事、朋友与家人时,应依照"先家人后朋友、同事"的顺序进行介绍;⑦如果来宾和主人同时在场时,应该按照"先主人后来宾"的顺序进行介绍;⑧当介绍与会先到者与后来者时,应依照"先介绍后来者,后介绍先到者"的顺序进行介绍。

通常来讲,介绍人的身份需要根据不同的场合来确定。比如,在家里,客人来了,介绍人是女主人;在单位,客人来了,介绍人是担任文秘等职位的专职人员;为了表示对客人的尊重,介绍人通常是由本单位最高领导来担任。

3. 介绍集体

商务礼仪中,涉及介绍集体的情况,在介绍他人时具有一定的特殊性。通常被介绍的人不止一两个。基于此,可以根据以上基本规则进行介绍。

(二) 会面称呼

称谓在人际交往中具有一定的重要性。首先,要以礼貌为主,在和他人交往中,应将称谓放在前面,如果称谓不当,将会贻笑大方。另外,称谓在社交活动中具有一定的礼貌性,合适的称谓既表现出尊敬又显得十分亲切,从而拉近彼此的距离。因此,正确使用称谓在人际交往中是不可或缺的。

1. 我国常用的称呼

在中国,称谓应按职业、年龄来选择。如到机关联系工作,应称"同志",在医院称"医生"或"大夫",到工厂叫"师傅",去学校称"老师""教授"或"同学"。邻居按辈数称呼,如对长辈可称"大伯""叔叔""老伯"等,对小孩叫"小朋友""同学"等。

2. 外国常用的称呼

普通男女的称呼。一般情况下,对男子不管其婚否都称为"先生";对于女士,已婚的称为"夫人",未婚的称为"小姐";在外事交往中,为了表示对女性的尊重,也可将其称为"女士"。

技术人员的称呼。对医生、教师、法官、律师以及有博士等职称、学位的人士，可称为"医生""教授""法官""律师""博士"等，也可加上姓氏或"先生"。

服务人员的称呼。一般情况下称"服务员"，如果知道其姓名的可单独称呼其名字，但现在越来越多的国家称服务员为"先生""夫人""小姐"。

(三) 会面握手

握手是见面时最常见的礼节。注重握手的细节，细节处理得当，会取得很好的效果。因此，行握手礼是一个简单却微妙的问题。通常来讲，在一般的场合，以3s作为与别人握手的最佳时间长度。而在非一般的场合握手时，要依据不同的职位和身份选择谁先伸手。另外，在社交休闲的场合，一般考虑年龄、性别等因素。谁先伸手的顺序，按照职位、身份高低来排列。如果男士和女士握手，女士优先。已婚和未婚握手，已婚优先。年长和年幼握手，年长优先。长辈和晚辈握手，长辈优先。社交场合中的先到、后来者，先到者优先。当主人待客时，主人先伸手与客人握手。而当客人告别时，应先向主人握手告辞。

握手作为一种常规礼节，其具体方式颇有讲究。其具体操作中有三个要点：①神态方面，与他人握手时应当神态专注、认真、友好。在正常情况下，握手时应目视对方双眼，面含笑容，并且同时问候对方。②姿势方面，与人握手时，一般均应起身站立，迎向对方，在距其约1m左右伸出右手，握住对方的右手手掌，稍许上下晃动，并且令其垂直于地面。③力度方面，握手时用力既不可过轻，也不可过重。用力过轻，有怠慢对方之嫌；不看对象而用力过重，则会使对方难以接受而生反感。男士之间的握手力度可稍大，女士之间的握手力度要稍轻，男士与女士之间的握手力度也要稍轻。

(四) 名片使用

名片在商务活动中具有一定的重要性。职务一栏不应表述夸大，并做到一张名片只用于一种场合，尤其在商务活动中。名片的存放需要十分讲究，名片应该放到专门的名片夹里，名片夹的位置最好置于上衣胸口的袋子里，切忌放在长裤的口袋里。当交换名片时，比较有礼貌的行为是站起来，双手递给对方。假如自己是坐着的，应该在对方走过来前站起来以示尊重，和对方打招呼后方可交换名片。递名片时，应该由地位或职位较低的人先递名片。如果来访的人数过多，那么应该由主人或是其中地位较高的人交换名片。在递名片的过程中，不仅要做到双手递送，还要确保名片的正反面是否清洁。此外，还应面带微笑，看着对方的眼睛。

二、来往礼仪

交往之中更注重礼仪，也更体现礼仪。所以无论是主动地拜访，还是有准备地接待，都要将礼仪做到位，特别是细节的严格掌控。

(一) 商务拜访

在商务交往过程中，相互拜访是常事，如果懂得商务拜访礼仪，无疑会为拜访活动增添色彩。

1. 履约守时

拜访活动需要遵循守时的原则。应选择较好的时机，并事先进行约定。首先，需要通过电话或者短信的形式预约被拜访的友人，把约定的时间、地点以及意图告知对方。需要采用友好商量式的语气进行预约表述，而非强迫性的语言。其次，比较有礼貌的约定形式是应事先预约，而且不要在深夜打扰对方，如果非要在对方休息的时间约见，一定要当面致歉，说明原因。如果是宾客和主人约定好会面时间，那么访问者需要按时赴约。比较得体的做法是，依照既定的时间遵照主人的安排准时到达预约地点。如果因为自身的原因失约，应该主动向主人致歉。按时赴约在国际交往中是双方约定的基本规则。比如，在有些国家，常常以 min 作为拜访的约定时间，如果拜访时间晚了 10min，对方便可取消约定。

2. 问候道谢

作为客人，不管是在办公室还是在住所中，都要遵循"客随主便"的原则。假如客人到主人的住处拜访，客人应当先按门铃或者轻轻敲门，等到有人开门或者听到回音时才能进入。如果是主人开门迎接，应主动热情问好。如果是夫妻两人同时迎接，应该先问候女主人。如果在其家中遇到主人的长辈，应该主动地问好，进而问候其他成员。如果主人请客人坐下时，应说谢谢，坐在主人指定的位置上。当主人端茶时，应起身双手接茶并致谢。如果带着小孩去拜访，应该教会孩子以礼待人，并向主人及其家人问好。

3．为客有道

作为客人，即使是相熟的关系，也应围绕拜访的主题进行交谈，切忌东拉西扯，不知所云。这样既有利于提高交流的效率，也不至招来主人的反感。同时，就算是不可避免地闲聊也应限定一定的范围，避免涉及主人不愿提及或涉及隐私的内容。在商务拜访过程中，时间为第一要素，拜访时间不宜拖得太长，否则影响对方其他工作的安排。如果双方在拜访前已经设定拜访时间，则必须把握好已规定的时间，如果没有对时间问题做出具体要求，那么就要在最短的时间里讲清所有问题，然后起身离开，以免耽误被拜访者处理其他事务。

（二）商务接待

商务接待中，迎来送往是社交活动中较为基础的礼节形式，这是对主人的尊重。其中迎接是最为重要的礼貌表现，是给客人留有良好印象的重点。对客人细密的迎接安排，需要遵循以下基本礼仪。

1．商务迎接礼仪

迎接远道而来洽谈业务的外国宾客时，应当对对方的到访日程了如指掌，比如将对方的车次及航班熟记于心，同时安排一些身份与客人相当的人员前去接待。如果出于一定原因，对应身份的主人无法前往，应该向客人礼貌解释。主人提前到达客人抵达之处，做好接待准备，接到客人后，主动问候，然后自我介绍并递送名片。最后，准备好接待客人的交通工具，切忌不能等客人到了以后再做安排，这样会导致客人等待的时间太长，产生被怠慢等不良情绪。

2．商务引导礼仪

当客人抵达目的地时，主人要做好引导，引导方法及姿势应当准确无误，接待人员行于客人两三步前,让客人走入内侧,并配合主人的步调。引导客人上楼时,客人在前,接待人员在后;下楼时,接待人员在前,客人在后,而当上下楼时,接待人员要时刻注意客人的安全。当引导客人乘坐电梯时,应由接待人员先走入电梯并进行控制,等客人完全进入电梯后,再操作关闭电梯,到达指定楼层后,让客人先走出电梯。最后,当客人进入客厅时,接待人员应以手示意请客人坐下,待客人坐下后,接待者点头以示离开。如客人错坐下座,应请客人改坐上座(一般靠近门的一方为下座)。

3. 商务座次规则

座次排序基本规则为:以右为上(遵循国际惯例)、居中为上(中央高于两侧)、前排为上(适用所有场合)、以远为上(远离房门为上)和面门为上(良好视野为上)。排序原则以远为上,面门为上,以右为上,以中为上;观景为上,靠墙为上。面门居中位置为主位;主左宾右分两侧而坐;或主宾双方交错而坐;越近首席,位次越高;同等距离,右高左低。

(三) 商务馈赠

1. 赠送原则

赠送礼品的原则主要有以下几点。

(1) 投其所好,避免禁忌。准备赠送礼品时,应该对送礼对象有一个大致的了解,例如生活习惯、喜好厌恶,特别是有自己信仰的人一定要避其禁忌。礼品的选择对彼此间的关系状态要有清醒准确的把握。老友与新朋、异性与同性、中国人与外国人,不同的对象在选择礼品时一定要有所分别,具体关系具体对待。了解受赠对象的兴趣爱好,如果所赠礼品顺应受赠对象的兴趣与爱好,受赠对象会格外高兴,因为他感受到尊重和用心。同时也要注意受赠对象的禁忌,禁忌的产生大致有两个方面的原因,一方面是纯粹由受赠对象个人原因所造成的禁忌;另一方面是由于风俗习惯、文化背景以及职业道德等原因形成的公共禁忌,后一方面的禁忌更不能忽视。

(2) 轻重原则。馈赠的礼品应以对方能愉悦接受为尺度,送得贵重不如送得有特色。考虑对方接受与否的同时也应参考自己的馈赠目的与经济实力。礼物的"轻重"要适当。应视双方的关系、身份、送礼的目的和场合加以适当掌握，不可太菲薄，也不可太厚重。一般来说，礼品应小、巧、少、轻。小，是指要小巧玲珑，受赠方易保存；巧，是指要立意巧妙，不同凡响；少，是指要少而精，忌多忌滥；轻，则是指要轻巧，便于提取。

(3) 注意礼品的包装。精美的包装不仅使礼品的外观更具艺术性和高雅情调，并显现出赠礼人的文化艺术品味，而且还可以使礼品保持一种神秘感。这既有利于交往，又能引起受礼人的探究兴趣和好奇心，使双方愉快。正式赠人的任何礼品，事先都要精心包装。如果不包装就送人，对方会产生被轻视之感，送给国际友人的礼品尤其要注意这个问题。可选用不同的彩色包装纸和丝带装饰礼品。在接待工作中，馈赠礼品多为留下纪念之用。因此，赠送礼品应在临行送别之际进行；或在来宾签到之时，将有关材料和礼品一起交给签到者。

2．赠送礼仪

在赠送礼品时应注意以下几点。

(1) 把握时机。把握馈赠的时机，包括时机和机会的选择。时机贵在及时，机会贵在事由和情感以及其需要的程度。一般来说，在相见和离别的时候赠礼。相见时赠送礼物，能在疏离尴尬间迅速地让两者感情升温；而离别时赠送礼物，则能够适当地表达自己对朋友或家人等离别时的不舍，从而增进感情。在需要时得到才是最珍贵、最难忘的。

(2) 注意赠礼的场合。一般情况下，不在公开场合送礼。不要当众赠予某一个人礼物，这样没有受礼的人会感到受到冷落，产生尴尬。另外，如果可以，尽可能当着受礼人的面赠送礼物，便于观察受礼人的表情，并可适时解答礼品的功能和特性。还可有意识地向受礼人表明自己选择礼物的独具匠心，激发受礼人的感激之情和喜悦。

(3) 赠礼时的态度。只有符合规范的礼仪馈赠，平善友好的态度和落落大方的动作并伴有礼节性的语言表达，才能有利于情意的表达，为受礼方所接受，使馈赠恰到好处，适得其所。当面赠送礼品时，要起身站立，面带笑容，目视对方，双手把礼品递送过去。递送礼品、致词之后，要与受赠对象热情握手。在面交礼品时，说话一定要得体。

3. 接受礼仪

在接受礼品时应注意以下几点要求。

(1) 接受对方的礼物时，神态要专注，无论多忙都要停下手中的事情，不管礼物的轻重，都要给对方充分的尊重。接受礼物时要神态专注、认真，起身站立、面向对方，以便有所准备。

(2) 接受别人的礼物时要双手捧接，不要单手去拿，同时要配以面部微笑，注视对方的双眼。礼物不能随手乱放，在家时要把礼物放在比较显著的位置，以示尊重和重视。接受别人礼物后要认真道谢或回礼，不要在对方送上礼品时无所表示，好像对方是应该的；也不要虚情假意、反复推辞。接受别人的礼物后要认真道谢，在合适的时候要回礼，以示礼尚往来。

(3) 接受别人礼物时，如果条件许可，尽可能当着对方的面将礼品包装当场拆封。这样做表示自己重视对方，同时看重对方所赠礼品。不要收到礼物以后随手扔在一边，这样对送礼物的人很不礼貌。

(4) 接受别人礼物，打开包装后，要对礼品表示欣赏，把礼物放在显著的位置。不能对礼物过多地品头论足或吹毛求疵，这也是对送礼物之人的不尊重。

（四）日常聚会

在当今快节奏社会里，商务性的工作餐是很多人难以避免的。商务餐中应注意的礼仪主要有以下几方面。

(1) 邀请和受邀。对异性发出邀请，较为适合的时间是午餐而非晚餐，假如是口头邀约，那就口头予以回复，如果是采用正式的约定，则需选择书面回复。对商务性的邀请进行拒绝，就要选择公务理由进行拒绝。切忌以私人理由拒绝邀请。

(2) 餐馆的选择。选择的餐馆要适合商务会谈，而且要多选择几家，应多预订两到三家。并将席位安排好。

(3) 衣着礼仪。衣着的选择要根据商务或是社交属性决定，通常包括正式与非正式之分，假如是参加晚餐，那就要确定是否为正式场合，假如最终仍不能加以确定，那就要着参加正式宴会的服装，以便达到更好的参宴效果。

(4) 就座的礼仪。通常应将舒适的位置留给客人，假如是位于角落，那么客人的位置应该背墙确保客人入座后可看见整个大厅，或者看见最好的景色。

(5) 饮酒的礼仪。这种礼仪考量酒具和酒的搭配关系，比如大杯应用来盛水，中杯则用来盛放红葡萄酒，小杯盛放白葡萄酒，高脚杯盛放香槟酒。

(6) 饭后的礼仪。与东方人的习惯相反，在西方，饭后极少使用牙签。因此如果与外国人一道就餐，应避免使用牙签。

此外，切记不要让客人看到或猜到账单的金额。绝不要议论价格和对账单提出异议。如果要向请吃饭的主人道谢，应在饭馆外而不要在付账时进行。

第三节　商务礼仪中的餐饮礼仪

一、宴请礼仪规范

在商务交际过程中，宴请是一种较为常见的沟通方式。人们聚在一起不仅可以享受美食带来的愉悦，还可以促进双方的情感，增进彼此的交流。宴请在商务交际中占有重要位置。宴请的形式、规模、档次以及人员都有相应要求，宴会的布置也具有一定标准。

（一）宴请形式

宴请可以根据不同的标准划分为多种形式，每种形式的宴请在菜肴、人数、时间、着装等方面也有许多不同的要求。国际上宴请主要分为宴会、招待会、茶会和工作进餐等四种形式。宴请活动采用何种形式，要根据活动的目的、邀请的对象、人数、时间、地点以及经费开支等各种因素而定。

1. 宴会形式

宴会是最正式、最隆重的宴请形式。宴会为正餐，由服务人员按顺序上菜。宴会种类繁多，按举办时间划分，可分为早餐、午餐、晚餐，其中以晚餐档次最高；按性质划分，可分为工作宴会、正式宴会、节庆宴会；按形式划分，可分为中餐宴会、西餐宴会、中西餐合并宴会；按礼宾规格划分，可分为国宴、正式宴会、便宴和家宴。一般情况下，宴会持续时间为 2h 左右。

(1) 国宴。国宴由国家元首或政府首脑主持，席间由主人和主宾致辞和祝酒，宴会厅悬挂国旗，安排乐队演奏国歌和席间乐。国宴的礼仪要求最为严格，参加国宴者必须正式着装，座次按礼仪次序排列。

(2) 正式宴会。正式宴会安排与国宴大致相同，但不挂国旗、不奏国歌，宴席的规格也不同。宾主均按餐桌上写有姓名的席卡入座。正式宴会讲究排场，它对来宾、服务员的服饰、仪表以及餐具、酒水和菜肴的道数，也都有一定的要求。

(3) 便宴。便宴不属于正式宴会，故比较亲切、随便，更适合于日常友好的交往。便宴形式简便，偏重于人际交往，而不注重规模、档次，可以不排座次，不做正式讲话致辞，菜肴的道数亦可酌减。西方人的午餐如果选择的是便宴形式，则有时不上汤，不上烈性酒。

(4) 家宴。家宴即在家中设宴招待客人，是便宴的一种形式。西方人士喜欢采用这种方法，以示亲切友好。家宴往往由主妇亲自下厨烹调，家人共同招待客人，显得亲切、自然。

2. 招待会形式

招待会是指各种不备正餐、较为灵活的宴请形式。常备有食品、酒水、饮料。常见的招待会有以下两种。

(1) 酒会。酒会亦称鸡尾酒会，适用于各种节日、庆典、仪式及招待性演出前后。酒会的形式活泼，不设座椅，以便客人随意走动，自由交往。酒会有果汁、小吃以及面包、香肠等，没有刀叉客人可以用牙签代替。举办酒会的时间根据客人需要而定。餐饮时间也没有限制。

(2) 冷餐会。冷餐会又叫自助餐宴会，可在室内或院子里、花园里举行，参加者可坐可立，并可自由活动，是一种非常流行、灵活、方便的宴请方式。冷餐会接待规格可以根据客人需要而定，一般官方活动较多。冷餐会通常在中午和下午举办。多以冷食为主热菜为辅。客人没有座次安排，可以多次取用食物。

3．茶会形式

茶会是一种更为简单的招待方式，通常安排在16:00或10:00左右在客厅举行，内设茶几、座椅。会上备有茶、点心和地方风味小吃，请客人一边品尝，一边交谈。茶会不排座次，如果是为贵宾举行的活动，入座时应有意识地将主宾和主人安排坐在一起，其他人员可随意就座。茶会对茶叶的品种、沏茶的用水和水温以及茶具都颇有讲究。茶叶的选择要照顾到客人的嗜好和习惯，茶具要选用陶瓷器皿，不要用玻璃杯，也不要用热水瓶代替茶壶。欧洲人一般用红茶，日本人喜欢乌龙茶，美国人用袋茶。有外国人参加的茶会还可以准备咖啡和冷饮。

4．工作餐形式

工作餐是国际商务活动中常用的一种比较灵活的宴请形式。它和正常用餐时间一样，可一边吃饭一边谈业务。具体用餐时间可以分为早上、中午和晚上。工作餐没有无关人员参加，也没有座次讲究，可以放松心情，形式也很灵活。工作餐可以根据具体情况做出相应安排，如可以用长桌安排双方人员坐在一起畅谈业务。工作餐通常是公款支付，而国外一般采用 AA 制的方式。

宴请采用何种形式，主要取决于惯例。通常正式的、高级别的、小范围的宴请以举行宴会为宜；人数众多时采用冷餐会或酒会为宜；女士聚会则多采用茶会形式。

(二) 宴会程序

宴会可以创造亲切、融洽的交际气氛，是商务活动中常见的聚会形式，尤其在饮食文化历史悠久的中国，它是沟通人的情感、密切人与人之间商业合作关系的重要手段。为使宴请活动取得圆满成功，宴会前要做好如下准备工作。

1. 确定形式与邀请人员

确定邀请者和被邀请者名单，一般根据主客社会地位进行确定。宴会邀请者身份决定了宴会档次，在国际宴会中，如果宴请主宾夫人参加宴会则应以邀请者夫妇两人的身份共同邀请。国内举行的宴会则以主办方主要领导的身份发出邀请。

2. 选择时间、地点

时间选择应以双方都感觉合适为宜，同时要考虑来宾感受。根据国际通行做法一般晚宴的规格最高。宴会举办时间一般不应在重大节日或禁忌日进行。可以在双方对具体日期进行协商后邀请相关人员参加。地点选择要根据宴会规模、性质以及双方意愿予以确定。一般比较高级的宴会要讲究环境和条件，礼仪也比较多。官方正规宴会一般在指定的由政府主管的宾馆内举行，而民间宴会一般选择具有当地特色的酒店举行。

3. 发出邀请

在确定好时间和地点后可以通过请柬、电话、微信等方式发出邀请。所有的邀请形式中请柬最为正规。请柬要写明宴会主题、时间、地点以及邀请人员的姓名等，必要时注明职务、席位座次等信息。请柬无需使用标点符号，要将相关单位名称、人名等以全称标注。书写形式可以是印刷体也可以是书写体。书写要求工整规范，容易辨认。请柬至少提前一周发出，这样有利于客人做好准备工作。口头的邀请也要补送请柬，同时注明相应信息。

4. 确定菜单

组织好宴会，菜单的确定至关重要。在菜单的安排上关键是要了解客人尤其是主宾的取向，排除个人禁忌。具体安排菜单时，既要照顾客人口味，又要体现特色与文化。具体注意事项包括：①拟定菜单时要注意宴请对象的喜好和禁忌。②应考虑开支的标准，做到丰俭得当。③宴会的菜单，应安排有冷有热，有荤有素，有主有次。④菜单以营养丰富、味道多样为原则。⑤略备些家常菜，以调剂客人口味。⑥晚宴比午宴、早宴都隆重些，所以菜的种类也应丰富一些。

⑦在征求饭店同意的情况下,可以自己设计菜单,以更加适应客人的口味和宴会的需要。

5. 安排座位

正式宴会,一般都事先排好座次,以便宴会参加者各得其所,入席时井然有序,同时也是对客人的尊重礼貌。非正式的小型便宴,有时也可不必排座次。安排座位时,应注意的事项包括:①以主人的座位为中心。如有女主人参加时,则以男主人和女主人为基准,以靠近者为上,依次排列。②在遵照礼宾次序的前提下,尽可能使相邻就座者便于交谈。例如,在身份大体相同时,把使用同一语种的人排在邻近。③要把主宾和主宾夫人安排在最尊贵显眼的位置上。通常做法,以右为上,即主人的右手是最主要的位置;其余主客人员,按礼宾次序就座。④主人方面的陪客,应尽可能插在客人之间坐,以便同客人接触交谈。⑤译员可安排在主宾的右侧,以便于翻译。有些国家习惯不给译员安排席次,译员坐在主人和主宾背后工作,另行安排用餐。⑥夫妇一般不相邻而坐。西方习惯,女主人可坐在男主人对面,男女依次相间而坐。女主人面向上菜的门。我国和其他一些国家,不受此限。⑦在多边活动场合,对关系紧张、相互敌视国家的人员,应尽量避免将其座次排在一起。在具体实行时,还应根据当地的习惯和主客双方的实际情况,妥善安排。

6. 布置现场

一场成功的宴会不仅要有优质的饭菜质量,还要具备较好的环境和和谐的氛围。如果没有优质的环境会影响宴会档次,降低顾客食欲,不利于双方形成良好的互动关系,最终导致宴会效果较差。要根据业务需要决定宴会性质和布置形式。一般官方宴会应选用严肃、端庄和大气的环境,可以用少量鲜花予以布置,但是不宜过多和复杂。如果宴会主题比较轻松并且青年人居多,则可以将会场布置得轻松活泼,充满浪漫气息。

综上所述,正规宴会应具有一定文化韵味,彰显高雅大气,卫生整洁。同时注意灯光的使用,将整个宴会现场布置为轻松、和谐而充满积极向上的主调。

二、中、西餐礼仪规范

(一) 中餐礼仪规范

中国菜是世界上四大美食之一,很受外国朋友的喜爱。在涉外交往中,请外宾吃中餐是常事,而这种平常的中式餐饮,用餐时的礼仪却是有一番讲究的。

1. 席次安排与座次安排

(1) 中餐宴会席次安排。中餐一般使用圆桌招待客人,根据人数多少确定桌子使用数量。座次以对着正门而坐的位置是首席,右边为主宾,从右到左的顺序依次而坐。席次安排主桌可以稍大,其余桌子形状、规格基本一致。

(2) 中餐宴会座次安排。宴会主人应坐在正门对面的主座上,副主人坐在主人的正对面,主宾和副主宾分别坐在主座的右边和左边。其余位置可以根据情况适当安排。一般每桌不多于10人,双数为佳。人数过多则显得拥挤也难以照顾周全。通常席位的安排根据客人的身份决定,如遇大型宴会人员较多则应安排好席位和座次,并依靠服务人员引领进行相应位置。

2. 上菜顺序

中餐上菜的顺序基本一致,一般冷盘先上,其次是热菜、主菜,再上点心、汤类食物,水果盘等最后再上。服务员上菜时,一般按照先主宾后主人的顺序,如有女士则先给女士上菜再给男士。菜应放在主宾位置,然后顺时针转动桌面依次取用,不能越位用。

3. 餐具的摆放与使用

(1) 餐具的摆放。中餐的餐具主要有杯、盘、碗、碟、筷和匙六种。在正式的宴会上,水杯放在餐盘上方,酒杯放在右上方。筷子与汤匙可放在专用的座架上,或放在纸套中。公用的筷子和汤匙最好放在专用的座架上。

(2) 餐具的使用方法。

1) 筷子。筷子是中国人常用的吃饭工具,使用这种工具时要注意以下五点:①忌舔筷子,不要用舌头舔食筷子上的东西。②忌迷筷,不要拿着筷子在菜碟上来回移动，禁止用筷子拨盘子中的菜。③忌泪筷，夹菜时不要有汤汁留下，应当借助菜碟防止汤汁流在其他菜品上。④忌移筷，不要一次性夹两个盘子中的菜品。⑤忌敲筷，随意敲筷子是不礼貌的表现，应放在盘子一边，而不能放在碗上。如果需要暂时离开，可以将筷子放在碗的一边，不能直接插在碗里。

2) 汤匙。汤匙是用来喝汤的，不要用其取菜。要注意三点事项：①使用汤匙喝汤时，不能将汤匙全部放在嘴中。②使用汤匙盛汤后，要立即喝完。③用完汤匙后，要将其放在面前的碟子里，不要直接放在桌面上，更不能放在菜碗里。

3) 碗。碗主要用于盛放主食、羹汤。在正式的宴会上，使用碗要注意。①不要端起碗进食，尤其不要双手端起碗进食。②碗内的食品要用餐具取。③碗内的剩余食物不可往嘴里倒。④暂不用的碗不可放杂物。

4) 盘。每个人面前的食碟是用来放从公用菜盘中取来的菜肴的。使用食碟要注意：①不要取放食物过多。②不要将不宜入口的残渣、骨头、鱼刺吐在地上或桌上，应轻放在食碟中的前端，由服务人员撤换。

5) 餐巾。很多餐桌上都会备有餐巾，使用时要等主座主人拿起后才可以将其铺在腿部。如果餐巾过大可以折叠使用，不可将其放在脖子上。使用餐巾的目的是避免把食物落在衣服上。不要将餐巾当作清洁布擦拭桌面或餐具。

6) 水杯。中餐的水杯，主要用于盛白开水、饮料、果汁。要注意不能用来盛酒，也不要倒扣水杯。

7) 湿毛巾。服务员为每人送上的第一道湿毛巾是擦手用的，最好不要用它去擦脸。宴会结束时，再上一条湿毛巾，它是用来擦嘴的，不能用来擦脸、擦汗。

4．用餐礼节

上菜后不能立即享用，而应该等主人说开始后再用餐。席间可以敬主人酒，一般情况下第一杯要喝完。夹菜时应有礼貌，不应与他人争抢。夹菜的菜量要适度，不应挑挑拣拣。如果在夹菜时，无意将菜品掉到桌面上不要再夹回盘中，而应放到垃圾桶里。

用餐时不要一边交谈一边吃饭。吃菜时不要发出异样的声音。一旦将酒水洒到别人身体上要说对不起,并帮其擦干净。如果是异性不要有身体接触,而应把洁净的餐巾纸给对方,让其自己清理。

参加宴会最好不要中途离去。必要时应向同桌的人道歉,同时还要郑重地向主人道歉,说明原委。若中途需要离席一会儿,可把餐巾放在座椅上,若放在桌边上,会被人认为餐毕离去。吃完之后,应该等大家都放下筷子,主人示意可以散席,才能离座。用餐后,不要随便带走餐桌上的物品,除了主人特别示意作为纪念品的东西外,其余的招待用品(包括糖果、水果、香烟等),都不要带走。宴会完毕,可以走到主人面前,握手并说声"谢谢",向主人告辞,但不要拉着主人的手不停地说话,以免妨碍主人送其他客人。

(二) 西餐礼仪规范

1. 席位排列

(1) 原则。西餐宴会中席位排列的原则主要包括以下几方面。

1) 女士优先原则。在西餐礼仪里,往往体现女士优先的原则。排定用餐席位时,一般女主人为第一主人,在主位就位。而男主人为第二主人,坐在第二主人的位置上。

2) 面门为上原则。按礼仪的要求,面对餐厅正门的位子要高于背对餐厅正门的位子。

3) 以右为尊原则。排定席位时,以右为尊是基本原则。就某一具体位置而言,按礼仪规范其右侧要高于左侧之位。在西餐排位时,男主宾要排在女主人的右侧,女主宾排在男主人的右侧,按此原则,依次排列。

4) 距离定位原则。西餐桌上席位的尊卑是根据其距离主位的远近决定的。距主位近的位置要高于距主位远的位置。

5) 交叉排列原则。西餐排列席位时,讲究交叉排列的原则,即男女应当交叉排列,熟人和生人也应当交叉排列。在西方人看来,宴会场合是要拓展人际关系的，这样交叉排列，用意就是让人们能多和周围客人聊天认识，达到社交目的。

(2) 就座方式。西餐的位置排法与中餐有一定的区别，中餐多使用圆桌，西餐则以长桌为主。长桌的位置排法主要有以下两种方式。

1) 法式就座方式。主人位置在中间，男女主人对坐，女主人右边是男主宾，左边是男次宾，男主人右边是女主客，左边是女次客，陪客则尽量坐旁边。

2) 英美式就座方式。桌子两端为男女主人，若夫妇一起受邀，则男士坐在女主人的右边，女士坐在男主人的右边，左边则是次客的位置，如果是陪同客尽量坐在中间位置。

在隆重的场合，如果餐桌安排在一个单独的房间里，在女主人邀请入席之前，不应当擅自进入设有餐桌的房间。如果都是朋友，大家可以自由入座；在其他场合，客人要按女主人的指点入座。客人要服从主人的安排，礼貌的做法是，在女主人和其他女士坐下之后方可坐下。一般情况下，宴会应由女主人主持。

2. 上菜顺序

一般，西餐会遵循以下上菜顺序：①头盘。头盘又称开胃菜，是西餐上的第一道菜。通常由水果、蔬菜、海鲜、三明治组成。②汤。这一点和中餐有很大不同，汤是第二次上的菜。有清汤、蔬菜汤、奶油汤以及冷汤四种。其品种较多，有俄式清汤、意大利蔬菜汤牛尾汤以及奶油汤等。而冷汤的种类较少，有德式和俄式冷汤。③副菜。副菜是指鱼类菜品，例如淡水、海水鱼等。④主菜。主菜是指肉类菜品。西餐中的肉类菜一般是指牛肉或牛排。⑤蔬菜类菜品。这道菜一般在肉类上桌后再上这道菜。可以称为配菜。蔬菜类菜品在西餐中叫沙拉。和主菜共同吃的沙拉叫生蔬菜沙拉，由生菜、黄瓜、西红柿等组成。也有熟食类食物，如炸土豆、熟菠菜等。⑥点心。点心一般是指蛋糕、饼干以及吐司等。⑦甜品。甜品一般有布丁、冰淇淋等。⑧在宴会结束时会提供热饮，包括红茶、咖啡等。

3. 餐具的摆放与使用

(1) 餐具的摆放。吃西餐的餐具有刀、叉、匙、盘、碟、杯等，一般讲究吃不同的菜要用不同的刀叉，饮不同的酒也要有不同的酒杯。其摆法为正面放主菜盘，左手放叉，右手放刀，主菜盘上方放着匙，右上方放着酒杯。餐巾放在主菜盘上或插在水杯里，也有放在餐盘左边的。奶油盘放在左上方。

(2) 餐具的使用方法。

1) 刀。一般正确的持刀姿势为右手握住刀柄，拇指和食指分别按在柄两边和柄背上。餐具刀一般具有以下三种规格：①带有小锯齿用于切肉类食物的刀；②刀尖成圆弧状，顶部上翘，体积较小的刀，其用于切开面包后，涂抹奶油或果酱使用；③个头中等的刀具是用来切蔬菜的。

2) 叉。使用叉子的方式根据习惯不同，可以分为内侧向上和背侧向上两种。内侧向上与握铅笔类似，把拇指和食指按在刀柄上并放于刀柄中间，另外三个指头作为支撑放在刀柄下面。左手拿叉，使齿部向下叉起食物，软质食物可以将刀齿向上使用。使用时，牙齿不要碰到刀叉，食物较大时可以将其切割成小块。背侧向上时，拿叉姿势和拿刀基本一致，食指压在叉柄背部且指头前端伸到柄根部，太向前或靠后会导致持叉姿势不雅观。

使用刀叉时应注意不要动作过大，影响他人；切割食物时，不要弄出声响；切下的食物要刚好一口吃下，不要叉起来一口一口咬着吃；不要挥动刀叉讲话，也不要用刀叉指人；掉落到地上的刀叉不可捡起再用，应请服务员换一副。如果在就餐中，需暂时离开一下，或与人交谈，应放下手中的刀叉，刀右、叉左，刀口向内、叉齿向下，呈"八"字形状放在餐盘上。它表示：菜尚未用毕。如果吃完了，可以刀口向内，叉齿向上，刀右、叉左并排放在餐盘上。

3) 餐匙。餐匙具有多种样式。最大的公匙用于将汤类食物分给客人，一般在自助餐内使用；较大的匙具用于喝汤；扁平的匙具可以用于食用面包、蛋糕或涂抹黄油等；小匙具的用途是食用软质甜品和咖啡等，使用时不要将其全部放在口中，放在嘴唇前部即可，用完后不能放回原来的位置。

4) 餐巾。餐巾的使用方式是将其放在叉子旁边或盘具的中间位置。餐巾不要塞进皮带或衬衣里。可以放在大腿上防止食物溅落。可以将正方形餐巾折叠成三角状，也可以将长方形的餐巾对折扣放在大腿上。这些折叠动作一般在餐桌下面

第二章　商务活动中的礼仪规范

进行，以免对他人造成影响。通常情况下餐巾主要起隔离的作用，防止弄脏衣物，不能用来擦餐具和擦脸部等。暂时离开桌椅时可以将其放在椅子上。

4．用餐礼节

坐姿要端庄，不要跷足也不要把胳膊肘依靠在桌沿或桌面上，要和餐桌保持一定距离以方便进餐。不要把餐具当成玩具任意摆弄，使用刀叉时应左手拿叉、右手握刀。分切食物时，应用叉按住食物并用刀进行切割。用完刀叉后，将其并拢置于盘子中间。持刀叉时可以进行谈话交流，但不能将其拿在手中在空中挥舞。也不要一边用叉取菜一边举杯喝酒。刀叉要平放在自己面前的食盘里，不能将其一端放于桌面上，另一端放于食盘里。

每次送入口中的食物不宜过多，在咀嚼时不要说话。喝汤时要闭嘴咀嚼，如汤菜过热，可待稍凉后再吃，不要用嘴吹。喝汤时，用汤勺从里向外舀，汤盘中的汤快喝完时，用左手将汤盘的外侧稍稍翘起，用汤勺舀净即可。吃完汤菜时，将汤匙留在汤盘(碗)中，匙把指向自己。

就餐时不可狼吞虎咽。对自己不愿吃的食物也应要一点放在盘中，以示礼貌。有时主人劝客人添菜，如有胃口，添菜不算失礼，相反主人也许会引以为荣。

不可在进餐时中途退席，如有事确需离开应向左右的客人小声打招呼。饮酒干杯时，即使不喝，也应该将杯口在唇上碰一碰，以示敬意。在进餐尚未全部结束时，不可抽烟，直到上咖啡表示用餐结束时方可。

喝咖啡时如愿意添加牛奶或糖，添加后要用小勺搅拌均匀，将小勺放在咖啡的垫碟上。喝时应右手拿杯，左手端垫碟，直接用嘴喝，不要用小勺喝。吃水果时，应先用水果刀切成四或五瓣再用刀去掉皮、核，用叉子叉着吃。

进餐过程中，不要解开纽扣或当众脱衣。如主人请客人宽衣，男客人可将外衣脱下搭在椅背上，不要将外衣或随身携带的物品放在餐台上。

5．酒水搭配

一般西餐的酒水有餐前酒、佐餐酒和餐后酒。①餐前酒是在用餐前喝的酒，也叫开胃酒。这种酒有香槟酒、威士忌和鸡尾酒等类型。②佐餐酒是在用餐期间饮用的酒水，一般为葡萄酒。佐餐用酒还要遵循红配红、白配白的原则，即红葡萄酒要配以红肉，红肉指的是牛肉、羊肉和猪肉，白葡萄酒要配白肉，白肉指的是鱼肉等海鲜产品。③餐后酒是指在用餐即将结束时饮用的酒，有利于促进消化吸收。一般有白兰地和利口酒等。

三、饮酒礼仪规范

饮酒是增进感情、加强联络的一种方式，酒文化也是一个既古老而又新鲜的话题。现代人在交际过程中，已经越来越多地发现酒的作用。的确，酒作为一种交际媒介，在迎宾送客、聚朋会友、彼此沟通、传递友情中，均发挥着独到的作用，因此酒桌上的奥妙，有助于商务人士交际的成功。

（一）斟酒碰杯

饮酒在各种宴会中是不可或缺的一个项目，在正式的宴会上，服务员打开酒瓶后，先要倒上一点给主人品尝。主人应先饮一小口仔细品评，然后再尝一口，感到所有的酒完全合乎要求时，再向服务员示意，服务员即刻开始为客人斟酒。斟酒的顺序是：先主宾，随后才是其他客人。作为主人，也可亲自为客人斟酒。酒瓶要当场打开，酒杯大小要一致。如在座的有年长者，或有长辈、远道来的客人或职务较高的同志，要先给他们斟酒。如不是这种情况，可按顺时针方向，依次斟酒，酒可斟满，但不要溢出。作为客人，当主人为自己斟酒时，要起身或俯身，以手扶杯或欲扶状，以示恭敬。还有一种"叩指礼"，就是主人在给客人斟酒时，客人要把拇指、食指、中指捏在一块，轻轻在桌上叩几下，表示感谢主人的斟酒。

席上喝酒讲究碰杯，要碰杯就必须把杯中的酒喝干。在山区，这一礼俗很严格。碰杯后不干杯，需要再罚酒的，也表示对朋友不够仗义。一般是主人和主宾先碰杯，然后主人顺时针方向依次与其他客人碰杯，客人之间也可以互相碰杯。碰杯时，客人应起立举杯，目视对方致意，说祝愿的话语。身份低或年轻者与身份高或年长者碰杯时，应稍欠身点头，杯沿比对方杯沿略低以表示尊敬。

（二）敬酒祝酒

敬酒要适可而止。敬酒时，上身挺直，双腿站稳，以双手举起酒杯，待对方饮酒时，再跟着饮，敬酒的态度要热情而大方。在规模盛大的宴会上，主人将依次到各桌上敬酒，而每一桌可派遣一位代表到主人的餐桌上去回敬一杯。敬酒干杯时，要有自知之明，保持风度，切忌饮酒过量。一般在正式宴会中，要主动将饮酒量控制在本人实际酒量的 1/3 以内，切不可饮酒过多，失言失态，或醉酒误事。不需要酒或不能饮酒时，要注意礼貌拒酒。当主人或朋友们向自己热情地敬酒时，不要乱推乱躲、将酒杯倒扣，更不要把他人所敬的酒悄悄倒在地上。拒绝他人敬酒通常有三种方法：①主动要一些非酒类的饮料，并说明自己不饮酒的原因。②让对方在自己面前的杯子里稍许斟一些酒，然后轻轻以手推开酒瓶。按照礼节，杯子里的酒是可以不喝的。③当敬酒者向自己的酒杯里斟酒时，用手轻轻敲击酒杯的边缘，以示拒绝。

正式宴会祝酒，是宴会间的一个重要的礼仪程序。通常由男主人向来宾提议，提出某个事由而饮酒。在饮酒时，要讲一些祝愿、祝福类的话，甚至主人和主宾还要发表一篇专门的祝酒词，内容越短越好。祝酒词适合安排在宾客入座后、用餐前，也可安排在吃过主菜后，甜品上桌之前。在主人和主宾祝酒时，应暂停进餐，停止交谈，注意倾听。主人和主宾讲完话，与贵宾席人员碰杯后，往往到其他桌敬酒，各桌人员应起立举杯，碰杯时要目视对方致意。相互碰杯祝酒，可以表示友好，活跃宴会气氛，但注意不要交叉碰杯；客人、晚辈、女士一般不宜先提议为主人、长辈、男士的健康干杯，以免喧宾夺主。西餐宴会的祝酒，与中餐有所不同。在西餐宴会上，祝酒讲究只用香槟酒，这时即使不会喝也要沾几滴。西方人一般只祝酒，不劝酒；只敬酒，不真正干杯，以自己的意愿为主。

第四节　商务礼仪中的涉外礼仪

一、基本原则

商务人士无论出国洽谈业务，还是出席国际会议，无论是参加双边谈判，还是参观旅游，言谈举止是否得当、仪表外貌是否得体，不仅仅影响个人形象，还影响到其国家及所在组织的形象。这里，对涉外商务礼仪基本原则主要阐述以下几点。

（一）尊重他人

伴随着国内改革力度的加大，改革步伐的加快，我国涉外商务活动无论从广度上，还是从深度上都得到前所未有的发展。而我国在与世界各国、各民族商务往来日渐增多的过程中，必须始终坚守的一项原则就是尊重他人。在交往中，无论强或弱、远或近、亲或疏，还是不同人种、不同宗教信仰，都应该平等相待并互相尊敬。

商务人士在涉外商务活动开始前，要做好案头工作，尽可能多地了解所接触对象的风俗习惯和个人喜好、禁忌等问题，做到心中有数。在与东南亚商人洽谈贸易时，要注意自身的体态语言；在与俄罗斯人洽谈贸易时，要注意对对方的称呼；在与阿拉伯国家商人洽谈贸易时，要注意会面的方式，会面最好喝咖啡、茶或清凉饮料，绝对不能饮酒、吸烟和拍照；在与南美洲等国的商人洽谈贸易时，要注意着装和谈话方式，原则上应穿深色系服装，不能穿浅色系服装，谈话宜亲热，座位距离应靠近一些。总之，良好的仪态、优雅的举止、得体的语言，会赢得对方的信任与好感，有利于交易的成功，而尊重交往对象，带来的必然是收获、是成功。

（二）尊重国外习俗

世界上不同国家，具有不同的社会制度和历史文化，世界上不同民族的人，其风俗习惯、思维方式和处世方式也各有不同，因此，在涉外商务活动中，需要尊重当地的风俗习惯，遵守当地的商业惯例，这已成为世界众多跨国公司的共识。如果反其道而行之，必然会受到排斥。例如，英国人有在工作时间饮茶、休息的习惯，曾经有几家在英国投资的美国公司试图说服英国雇员放弃这一习惯，结果引起英国雇员的强烈不满，并警告说这将导致工作效率下降，最后公司不得不放弃这一想法。在与其他国家的商务人士进行商务洽谈之前，应提前对其国家的文化风土人情等进行了解，并了解客户的日常喜好和禁忌，以便在交往中加以注意。例如，在中国称呼他人时，特别重视对方的社会地位、身份，注重上下尊卑礼貌习惯，但在讲究独立和平等的西方人看来，根本不存在这样带有等级的称呼语，他们大都直呼姓名。如果对西方人使用中国式的称呼，会让他们觉得别扭，不利于彼此继续交往。因此，要尊重国外习俗，只有这样，才能保证商务活动取得良好的效果。

（三）维系个人形象

在国际交往中，人们对交往对象的个人形象非常重视，原因就是个人形象既能体现个人的教养和品位，又能代表国家及所在组织的形象。所以，商务人士在涉外活动中的一项原则就是要注重维系个人良好形象。涉外场合的个人形象不仅仅代表的是自己，也代表自己的组织，更代表自己的国家，同时，还是自身精神面貌和礼仪素养的集中体现。维系个人良好形象既要注重大事也不要放弃小事，既表现在穿衣戴帽、为人处世上，也体现在言谈举止、待人态度上。

（四）守时原则

遵守时间约定是古今中外公认的美好品德。在商务活动中，时间就是金钱，时间就是财富，时间就是生命。在商场上人们最看重的莫过于守信，而遵守时间就是守信的一种表现。在涉外商务活动中，无论是出席会议，还是洽谈、签约，最需要遵守的一项原则就是守时。

（五）热情招待

热情是指在待人接物过程中的一种热烈的情感。中华民族在数千年的文明进程中,在待人接物上形成热情待客的礼仪。然而,"百里不同风,千里不同俗",中西方在历史文化、待人处世、风俗习惯等方面存在一定差异。涉外商务人士要把握好商务活动的度,在商务交往中,待人要热情有理,不能淡然而冷漠,但也不能过于热情,给人唐突之感。因此,商务人士在待人接物中要热情有度,这既是涉外商务礼仪的一项原则,也是涉外商务人士游刃于商海的制胜法宝。

二、基本特点

世界上不同的国家和民族,在各自长期的商务活动中形成各具特色的礼仪文化。例如,德国商人很注重工作效率,同他们洽谈贸易时,严禁闲谈;与美国人洽谈贸易时,不必过多地握手与客套,贸易谈判可直截了当地进入正题,甚至在吃早点时也可开始。这些各具特色的商务礼仪文化汇聚成了人类共有的商务礼仪文化。

商务人士开展涉外商务活动,需要认识到的特点具体表现如下。

(1) 差异性。世界各国家、地区不仅在举止、表情上拥有各自表达的含义,而且在待人接物方面也表现出差异性。例如:①点头表达含义的差异。在中国、美国等国家,点头表示"是"(Yes);而在印度、尼泊尔等国家可能表示"不"(No)。在日本点头不代表同意,只表示对讲话者的尊重与理解。②商务邀请的差异。一般认为最佳的朋友相聚时间是节假日或周末,喜欢此时和商业伙伴欢聚一堂,以拉近彼此的关系。但欧洲国家的人则正好相反,他们不喜欢在节假日接受邀请。他们认为节假日是自我放松和休闲的时间,应该与家人团聚。如被邀赴约,特别是因为公务被邀约会,他们会认为对方干涉其私生活,有意妨碍他人休息,对个人不够尊重。所以,商务人士在涉外商务活动中,在了解对方文化习惯的同时,理应合理安排日程和时间。③对待时间态度的差异。同样是美洲国家,北美洲人与南美洲人对待时间的态度就有很大的差别。北美洲人一旦定下约会时间,会很守时。南美洲人则认为实际情况比事先约定的时间更重要,迟到只是小事。④商务拜访的差异。无论是公事还是私事,拜访别人时都要注重在拜访前预约。如事先没有预约，贸然造访，则被视作无礼之举。

在涉外商务活动中，既要知彼知己，了解双方的差异所在，又要在交往中以礼待之。这样才能有效地打开交往的大门，才能有助于交往的成功。

(2) 广泛性。世界上不同国家、民族、地区在其历史发展过程中形成了不同的思维方式、处事风格、审美态度、价值取向等。因而，在面对同一事物时会表现出多种多样的处理方式。例如，眼睛是与他人交往中最善于传情达意的，但在不同国家、地区，眼睛所传达的是不同的情和不同的意。事实上，涉外商务场合与他人交流，不仅用语言和眼神，手势、体态等也常常运用于交往中。商务人士身处不同国家，要与不同对象有效地交流，只有准确认知而又区别对待，有的放矢而又以礼待之，才能有质、有效地开展商务活动。

(3) 自律性。生为社会人，每个人都要有良好的自律性。作为商务人士，不管是在国内还是在国外，很重要的就是在遵守规范礼俗的同时要严格自律。无论是在谈判桌还是在洗手间，无论是在正式场合还是公众场合，无论交往的对象是董事长、总经理还是餐厅的接待员、盥洗室的服务员，在任何环境场合，与任何人打交道，在言语表情、举止行为、穿着外貌等方面注意小节，处处约束自己、严格自律，这不仅体现对他人的尊重和礼貌，也是自身人格和修养的体现。严格自律的形象会赢得他人的尊敬和友好相待，严格自律的形象往往有助于商务交往取得成功。

(4) 趋同性。随着商业交往的日益增加，商务礼仪规则也在相互接触和交往中逐渐融合与趋同，如握手礼，几乎成为世界通行的见面礼。当然，在享受趋同性带来便利的同时，还要注意差异性，如同样是握手，南亚不少区域则忌讳用左手(只用右手)。然而，在涉外商务交往中偶有失误也不必过于自责，道歉后只要遵循真诚、友善的原则，对方一般会予以谅解。

三、涉外商务应注意的礼节

广义的涉外商务活动包括出国准备、付小费、参观、赠送礼物，甚至出入公众场合等。商务人士在处理这类商务事务时，要有的放矢，讲究技巧，遵守礼节。

(一) 出国准备

开展涉外商务活动一定要做好准备工作。准备工作包括预订酒店、安排接机、设定行程，准备中英文的名片、必要的文件、单位或公司抬头的信纸信封、出国证件以及一些重要的、不是随处都能够买到的物品。这些都需要提前规划，做到心中有数。由此可见，商务人士出国前所做的准备工作一定要有的放矢、做精做细。由于世界民俗多姿多彩，各国待客习惯千差万别，商务人士出国前对所去国家的风俗习惯、特殊规定等都应了如指掌。只有准备工作既充分而又有的放矢，才能在与各个国家的商务交往中运用自如。

(二) 小费习俗

在涉外商务活动中，和欧美国家打交道会比较多，小费文化和我国大不相同。"小费"一词在英语中为 tips。它来自拉丁语 gratis，意思是"自由"。据说，小费始于18世纪的英国伦敦。当时，在一间生意红火的酒吧里，每张桌子上都放着一个硬币箱，硬币箱上写着 to insure pro mpt service，意思是"保证服务迅速"。顾客放一个硬币在箱子里就可以确保得到快捷的服务。这句话的首字母放在一起就成为"tips"。后来，向服务人员支付小费的习俗就延续下来并流行于世界上的许多国家。商务人士在世界各国家、地区开展业务时，应了解和掌握所在地付小费的习惯，这样才不失礼仪。

1. 方法和比例

世界各国家、地区付小费的做法不一，支付小费的比例也有差异。有些国家或地区，如日本、新加坡、东欧国家等不收小费。即使在收小费的国家，也并不是所有的场合、所有服务都需要付小费。例如，住旅馆时，要给打扫房间和拿行李的服务员付小费，而不需要对柜台上的服务员支付小费；在餐馆用餐时，要给上菜的服务员付小费，而不必对领班服务员支付小费；对理发师和美容师要付小费，而对售货员和自助洗衣店里的服务员就不必支付小费；在机场、车站和码头，需要搬运工搬运行李时，就要付给搬运工小费。在习惯上，凡是站柜台的服务员一般不收取小费，如咨询处工作人员、售票处职员、画廊、博物馆等处的导游，电梯司机，警察，海关检查员，大使馆职员，政府机关职员等公务人员都不必付小费。另外，在美国，根据美国邮政总局的规定，给送信人小费是非法的。

2．场合和惯例

对涉外商务人士来说，了解付小费的场合和惯例是很重要的。

(1) 在机场、车站、码头。对于行李搬运工应按照行李件数支付，一件行李至少1美元，如果件数多每件付25~50美分；对于出租车司机一般支付出租车费的15%；免费的搭载服务一般不给小费，如工人帮搬行李通常要给2美元小费。

(2) 在饭店。对于门童，若只是打开车门，可以不给小费，如果叫来出租车，应给1美元小费；对于侍者领班，有的饭店收银台上有专为侍者领班而设的独立的盒子，可以把小费直接放在里面，一般是账单金额的5%，若这名侍者是专门服务的，小费应多给点，一般是账单金额的15%；对于衣帽间服务员，很多酒店都设有衣帽间，提供的服务即使是免费的，也可以给1美元的小费；对于餐厅领班，在人满为患的餐厅里，领班提供一个不错的位置，可以在握手的时候给对方支付小费，一般是5~10美元不等；对于客房服务员，即使已经收取服务费，也可以给提供直接服务的人一些小费，1~5美元不等；擦鞋，50美分~1美元；清理房间，每人每晚1美元，如没有服务费，则小费按账单金额的15%支付。

(3) 在理发美发时。男士理发比较简单，付总费用的10%~15%即可；女士美发比男士复杂，需付小费的名目也较多，帮拿外套的人要付1美元，洗头、烫发的人要分别付1美元，剪发的设计师还要再付15%，一般是消费总额的10%~20%。

(三) 涉外馈赠技巧

以下对涉外商务环境下的礼物馈赠技巧加以说明与补充。

(1) 选取礼物，宜突出民族性和纪念性，严格控制礼品价值。例如，将极具我国地域特色的风筝、剪纸、筷子、图章、书画、茶叶等作为礼物，往往会倍受外籍人士的欢迎和青睐。选择礼物的原则是既有纪念价值但又不贵重，过于贵重，会让受礼者有受贿之感。

(2) 重视礼物的包装。赠送礼物一定要重视礼物的包装，这也是对对方的一种尊重。另外，包装盒或纸的颜色、图案要考虑受礼人的习俗与禁忌。

(3) 注意赠送礼物时间。一般情况下应避免在商业交易正在进行中赠送礼物，与日本人做生意，一般要等对方先送礼物，己方方可回礼，如己方赠礼在前，日本人会觉得有失面子；在与阿拉伯国家的商人交往中，见过几次面后，再赠送小礼物才妥当。

(4) 注意赠送礼物地点。礼物的赠送地点要注意公私有别。一般而言，公务交往所赠送的礼物应在公务场合赠送；在谈判之余，商务活动之外或私人交往中赠送的礼物，则应在私人居所赠送。

(四) 商务参观

在涉外商务活动中，当中外双方有合作意向时，商务参观往往就成为商务活动的一种形式。一般而言，商务参观分为两种：一种是为完成某一考察计划而进行的实地参观，这种参观通常由参观者自己事先计划好；另一种是东道主为客人准备的参观。无论哪一种参观，要实现预定的目标、取得有效的效果，在参观之前，都有必要做好充分的准备，甚至需要制订专门的参观计划。参观是一个学习交流的过程，也是一个体现礼貌修养的过程。

商务人士在参观过程中应有的礼节表现为以下两方面。

(1) 认真聆听。一般情况下，参观地都配备讲解员，当讲解员在讲解过程中，参观者应有序而行，神情专注，认真倾听所介绍的情况。不能走马观花、心不在焉。适当的提问是会受到欢迎的，但不应贸然打断对方的讲述。如确有疑问，应在合适的时候礼貌提问。

(2) 遵守规定。有些参观场所是限制参观者携带某些物品自由出入的。对这样的规定，参观者一定要自觉遵守，不要抱有侥幸心理携带这些物品。有的参观项目对录音、拍照、摄像用具等都有明文的禁止或限制，参观者要自觉遵守。

第三章　商务谈判的准备与开局

随着我国经济的发展，商务活动日渐增多，商务谈判也随之增多。谈判的前期准备工作是确保谈判成功的关键。本章探讨商务谈判的团队组建，论述商务谈判前期相关资料的收集与商务谈判方案的制定，并分析商务谈判开局的策略。

第一节　商务谈判的团队组建

一、商务谈判团队的组建步骤

管理者在组建商务谈判团队时，根据项目需要，在考虑配备专业人员（如技术、财务、法律、营销等人员）时，还要考虑本团队成员的性格、秉性是否具有互补性，以及能否与对方谈判团队成员的德行相协调等。

(一) 规模的确定

组建谈判团队，首先要考虑的问题是应该确定人数。谈判团队人数的多少应根据谈判项目的实际需要和谈判性质来确定，不宜过多，可以是一个人，也可以是多人。金额小、老客户、内容简单的谈判，可以是一个人；金额大、新客户、内容复杂的谈判就需要多人参与。

(二) 人员的构成

一支谈判队伍应包括以下人员：①商务人士。熟悉交易惯例、价格谈判条件，了解交易行情，可由有经验的业务员或厂长经理等担任。②技术人员。熟悉生产技术、产品性能和技术发展动态的技术人员，在谈判中负责有关产品性能、技术质量标准、产品验收、技术服务等问题的谈判，也可与商务人士密切配合，为价格决策做参谋。③财务人员。由熟悉成本情况、支付方式及金融知识，具有较强财务核算能力的会计人员担任。④法律人员。律师或学习经济、法律专业知识的人员，通常由特聘律师、企业法律顾问或熟悉有关法律规定的人员担任。⑤翻译人员。熟悉外语和有关知识，善于与人紧密配合，工作积极，纪律性强的人员。⑥谈判队伍领导人可以委派专人，或者从上述人员中选择合适的人员担任。⑦记录人员。一般由上述各类中的人员兼任，也可以委派专人担任。

商务谈判人员的构成原则：一是少而精原则；二是层次分明原则，即分工明确；三是具有法人资格，即谈判者中应有法人或法人代表。

(三) 人员的选拔

根据谈判规模，明确谈判团队人员的构成，就要进行具体人员的选拔，在选拔过程中，主要考虑商务谈判人员的个体素质和能力，具体包括以下几方面。

(1) 忠于职守、平等互惠、团队意识强。作为谈判人员，必须要有高度的责任心和事业心，自觉遵守组织纪律，维护组织利益；必须严守组织机密，不能自作主张，毫无防范，口无遮拦；要一致对外。

(2) 观察判断能力。谈判人员不但要善于察言观色，还要具备对所见所闻做出正确的分析和判断的能力。观察判断是商务谈判中了解对方的主要途径。只有通过准确、仔细的观察判断，才能为了解对方、辨别信息真伪提供强有力的依据。

(3) 灵活的现场调控能力。善于应变、权宜通达、机动进取是谈判者必备的能力。随着双方力量的变化和谈判的进展，谈判中可能会出现比较大的变动。如果谈判人员墨守成规，那么谈判要么陷入僵局，要么破裂。所以，优秀的谈判人员要善于因时、因地、因事，随机应变。

(4) 巧妙的语言表达能力。谈判重在谈，谈判的过程也就是谈话的过程，得体的谈判语言能力重千钧。所以，谈判人员必须能娴熟地驾驭语言。

(5) 高度的自信心和创造力。优秀的谈判者从来不在谈判之前就锁定自己的方案。在认真执行计划的同时，他们会努力拓展自己的想象空间。即便是在双方达成一致的基础上,他们也会寻找达成协议的更好的选择。

(6) 心理承受能力。谈判人员宽广的心胸、良好的修养能为双方进行观点的表述搭建一个稳固的平台。通常,他们都具有极高的涵养,在顺境时不骄不躁,不目中无人;在逆境时保持良好的进取心态,不把自己的缺点和错误强加给别人;当别人侮辱自己时以宽大为怀,用智慧来应对。具有这种非凡气质的谈判人员,那种自然流露出来的力量会使对方在心理上不敢轻视。

(7) 注重礼仪。礼仪作为一种道德规范,是人类文明的重要表现形式。任何行业都有一定的礼仪规范。在谈判中,礼仪作为交际规范,是对客人表示尊重,也是谈判人员必备的基本素养。在谈判桌上,一个谈判者彬彬有礼,举止坦诚,格调高雅,往往能给人带来赏心悦目的感觉,能为谈判营造一种和平友好的气氛。反之,谈判者的无知和疏忽,不仅会使谈判破裂,而且还会产生恶劣的影响。因此,谈判的不同阶段要遵循一定的礼仪规范。

(8) 身体素质好。商务谈判往往是一项牵涉面广、经历时间长、节奏紧张、压力大、耗费谈判人员体力和精力的工作。特别是赴国外谈判,还要遭受旅途颠簸、生活不适之苦;若接待客商来访,则要尽地主之谊,承受迎送接待、安排活动之累。所有这些都要求谈判人员必须具备良好的身体素质,同时也是谈判人员保持顽强意志力与敏捷思维的物质基础。商务谈判涉及巨大的经济利益,所以谈判人员必须博学多才,掌握一定的谈判技能。将彼此双方的利益置于首位,努力实现双赢。

二、商务谈判者的心理建设

商务谈判者心理是商务谈判者围绕谈判活动所形成的各种心理现象及心态反映。它不仅影响着谈判者的行为举止,也直接关系到谈判的成功与否。

(一) 掌握谈判者心理

商务活动中,谈判者的各种心理活动具有内隐性、相对稳定性和个性差异性。谈判人员了解和掌握商务谈判者心理有助于培养商务人士自身良好的心理素质;

有助于揣摩谈判对手的心理,实施心理诱导;有助于恰当地表达和掩饰自己的心理;有助于营造良好的谈判气氛。

(二) 了解谈判需要

需要是缺乏某种东西时产生的一种主观状态,是人对某种客观事物需求的反应。商务谈判需要是商务谈判客观需求在谈判人员头脑中的反映。

需要层次理论将人的需要分为五个层次:①生理的需要,即衣食住行等基本的生存需要。②社会的需要,希望被群体所接受从而有归宿感和获得爱情的需要。③安全的需要,即保护人身、财产安全和防备失业的需要。④尊重的需要,即实现自尊、赢得赏识、获得好评和地位等的需要。⑤自我实现的需要,即充分发挥个人能力,实现理想和抱负,取得成就的需要。

1. 生理需要

谈判是一项花费脑力、体力,劳动强度较大的工作。谈判人员必须吃得好,穿戴整洁,住得舒适,外出行动方便。

2. 友好团结的需要

谈判中的友好团结的需要体现在对友谊、对建立友好关系的希望,以及对本组织的依赖并希望加强内部的团结与凝聚力。谈判中要利用一切机会促成和发展与对方的友谊,比如为对方举行家宴,邀请对方进行联欢,赠送礼品等。对谈判小组的负责人来讲,保持组织的高度团结协作,是他的职责之一。内求团结,外讲友好,这样才能满足谈判人员对友好团结的需要。

3. 安全保障的需要

谈判中的安全和寻求保障的需要体现在人身安全和地位安全方面。主场谈判,对来宾提供专车接送、陪同参观等,会给对方一种安全感。

4. 尊重的需要

在谈判中获得尊重的需要体现在以下两方面。

(1) 身份地位的尊重。接待的礼节要符合规格要求,特别是在双方人员的级别职务上要讲究对等。

(2) 学识能力的尊重。在谈判过程中，对方可能会在某些概念上进行混淆，或者搅乱谈判的秩序与思路。这时不要有意指责对方的学识浅薄、能力低下或胡搅蛮缠，只要将搞错的事实进行澄清、理顺就行了。在谈判中尊重对方对己方来说是有好处的，对方会受到尊重的约束，而不去做不令人尊重的事。

5．自我实现的需要

自我实现的需要是最高层次的需要，也是最难满足的需要。难在对方是根据其在谈判中取得的成绩来体现和评价自我实现的需要是否得到满足。而谈判中的成绩实际上是通过谈判而获得的利益。这就意味着对方自我实现的需要与我方的利益相矛盾。因此，在对方通过谈判可能获得较少利益的情况下，我方可以通过强调种种客观上对他不利的条件，赞赏他主观上所做的努力和过人的能力，使他在面子上和内心里得到平衡，从而使自我实现的需要得以满足。为此我方并没牺牲自己的利益，可以说是一种圆满的解决办法。在谈判过程中对方处于不利的地位，在结束时对方只能获得较少利益的情况下，内心很沮丧，适当掩饰一下自己所获得的利益，多强调种种客观上对他不利的条件，赞赏他主观上所做的努力与工作精神。

(三) 利用谈判中的需求

需求产生动机，动机指导行为。需求有不同的种类和层次。在谈判中要深入分析对方的需求，只有掌握了对方的需求资料，才能使谈判有的放矢，取得实效。因此，要对对方当前的主导需求、需求满足的状况、需求满足的可替代性进行充分的调查。

(1) 主导需求。对方急切的需求往往是一种主导需求。

(2) 需求满足的状况。某种主导需求得到满足后，其主导需求会发生转移。某种主导需求未得到满足，谈判者对相关项目的谈判力度仍然不会减弱，这些都会对谈判产生影响。

(3) 需求满足的可替代性。如果谈判对手只能选取唯一的一种对象来满足需求，同时会受制于唯一的谈判对象。仅此一家别无选择，需求满足的可替代性弱，那么成交的可能性较大。需求满足的可替代性强，与某一谈判方达成协议的确定性就差。

（四）了解谈判人员个性

1．谈判性格

性格有内向和外向之分。在谈判中人的性格可分为四类。

(1) 关系型。一是具有良好的人际关系；二是善于发现和利用对方的弱点；三是考虑问题全面，十分注重谈判双方的面子问题，即使不同意对方的意见也不会直接拒绝，使对方下不了台，而是想尽办法说服对方。

(2) 权力型。一是对权力和成就热烈追求，在谈判中想尽一切办法使自己成为权力的中心，充分利用手中的权力向对方讨价还价；二是敢冒风险，喜欢挑战；三是急于成功，决策果断，这类谈判者因为追求权力和成就，他们会为了实现这一目标，不惜一切代价，对对方缺乏同情，因此在谈判中是最难对付的一类。

(3) 疑虑型。一是凡事都要怀疑，只要是对方提出的，不管是否有利，都要怀疑和反对；二是决策犹豫，对问题考虑慎重，不轻易下结论，不能当机立断，拿不定主意。

(4) 顺从型。一是对上级的命令绝对服从，毫无怨言；二是缺乏创造性，缺少想象能力和决策能力，不愿意接受挑战，易顺从他人的意见，安于现状是他们最大的愿望；三是工作方法一成不变，喜欢有秩序、没有太大波折的谈判，在特定的局部领域，工作起来得心应手，有效率。

2．谈判气质

谈判人员的气质类型可分为以下几点。

(1) 黏液质谈判者。其特征是安静沉着，表现为沉默寡言，注意力稳定，情绪不宜外露，善于忍耐，但反应缓慢。这类人在谈判中从容不迫，很少显示紧张慌乱的神情，善于控制自己，有很强的自信心和影响力。一旦做出决定很少受外界因素干扰。但比较内向，不善于交际，缺乏热情，有时会错过极好的交易机会。总的来说是一种较理想的谈判气质类型。

(2) 胆汁质谈判者。其特征是热情率直、急躁冲动，表现为反应迅速，精力充沛，但不灵活，不易改变自己的决定。工作起来全神贯注，有效率，喜欢提问题和建议。但致命的弱点是做事毛躁，忍耐性差，易发火，但一转身又笑容可掬。因此在同这类人谈判时，言行一定要慎重，态度要平和，绝不能用语言刺激对方。与这种类型的谈判对手交手，往往气氛比较紧张，但达成协议比较迅速。

(3) 多血质谈判者。其特征是活泼好动、灵活多变，表现为自信、善于社交，不断发表见解和要求，以积极的态度和诚意来谋求利益。弱点在于注意力不易持久，兴趣多变，不善于发现和注意谈判中的某些细节，性子急，不适合长时间的谈判。善于与人相处，适于做谈判工作。

(4) 抑郁质谈判者。其特征是孤僻多疑、行动迟缓。观察问题深入细致，体验深刻，但不易相处，慎重多疑，往往能发现不宜察觉的细微之处，对合同条款千思万虑，反复推敲，不轻易下结论。多疑在关键时刻常会导致优柔寡断，反复不定。与这类人"交手"，要有一定的耐心。

3．谈判能力

谈判能力是谈判人员具有的可以使谈判活动顺利进行的个性特征，主要体现在以下几点。

(1) 观察能力。要留心椭圆形的笑容。因为这不是发自内心的。

(2) 决断能力。决断能力与风险有关，决断准确，风险减小；反之，风险变大。谈判人员要在学习和实践两方面多思考，提高自己的决断能力。

(3) 语言表达能力。语言包括口头语言和书面语言，都应具有规范性、准确性和艺术性。谈判贵在谈，谈得好坏与谈判结果有着密切的关系。

(4) 应变能力。应变能力是对突发性和意外性事件进行紧急处理的能力。在谈判中，经常会遇到一些令人意想不到的异常情况。

(五) 谈判心理的技巧

1．利用谈判期望心理

谈判期望是指谈判者在一定时期内达到一定的谈判目标，以满足谈判需要的心理活动。

(1) 期望强度的利用。谈判者认为实现目标的可能性大、期望强，就会对谈判付出积极的努力。当谈判者对谈判报有很强的期望时，谈判往往会不惜代价。在谈判中随时注意了解谈判对手的期望强度，可使我方做出正确的谈判决策，决定是否让步，何时让步，可以调节谈判对手的谈判欲望。

(2) 期望目标效用的利用。同样的东西对不同人的价值是不一样的，这是效用问题。一般说来效用高的报价目标总是比效用低的报价目标更受到谈判者的追求。在谈判中，与对方期望目标或期望水平偏差太大的报价，可能不能激起谈判者的欲望，导致谈判失败。同时，效用也是个主观判断，当对方对效用缺乏认识时，应给予解说，提高对方对目标效用的评价。在实行组合报价时，把几个效用大的报价目标组合在一起，易于取得谈判对手的让步和接纳。

2．利用谈判感觉与知觉

(1) 第一印象。在谈判中要注意给对方的第一印象，应该做到精神饱满，举止文明得体，善于表达而不失沉稳，平易近人，富有竞争能力。良好的第一印象，能够为日后彼此间的进一步接触、搞好关系和进行谈判打下良好的基础。为此要特别注重第一印象，给对方留下好的第一印象。同时我们在认识对方时也要避免第一印象造成的认识上的片面性。

(2) 晕轮效应。晕轮效应往往使观察者只看到一个人突出的品质、特征，而看不到其他品质、特征，从一点出发做出对整个面貌的判断，形成以点概面的偏颇。

(3) 刻板(成见效应)。人的知觉具有对人进行归类定型的习惯，人的这一知觉叫作刻板或定型。其原因包括：①谈判人员把自己的经验教条化，以不变应万变；②谈判人员把自己在过去谈判接触中的感受无限地延伸和扩大，使之固定化。刻板容易导致偏见。商务谈判时有人故意造成刻板的假象进行迷惑，因此要透过现象看本质。

3．调控谈判的情绪

情绪调控策略主要有以下几点。

(1) 攻心术策略。这是指使对方感情、心理上不舒服或软化，使对方意乱情迷而做出错误的决策。常见的形式有：①以愤怒、指责的情绪态度使对方感到强大的心理压力，在对方惶惑之际迫使对方让步。②以人身攻击来激怒对方，严重破坏谈判对手的情绪和理智。③以眼泪或可怜相等软化方式引起对手同情、怜悯而让步。④献媚讨好谈判对方，使对方在情迷之下忘乎所以地做出施舍。

(2) 红白脸策略。"红脸"表现出温和友好、通情达理的谈判态度，以换取对方的让步；"白脸"通常吹毛求疵，与人争辩，极力从对方手中争夺利益。

(3) 情绪调控策略。注意保持冷静、清醒的头脑；要保持正确的谈判动机；将人和事分开，对事不对人。

4．理解身体语言

(1) 眼睛。眼睛直视，表示关注和坦白；在听发言时，不时地眨眼睛，表示赞同；眼帘略低垂，表示默认；沉默中眼睛时而开合，表明对方已不感兴趣，甚至已厌倦；若目光左顾右盼，表明对方已心不在焉；若对方说话时望着我方，表明对自己所说的话有把握。

(2) 嘴巴。嘴唇肌肉紧张，表示拒绝或有防备、预防心理；嘴巴微微张开，嘴角朝两边拉开，脸部肌肉放松，是友好的表现；嘴巴呈小圆形开口张开，脸部肌肉放松，是近人情的表现；嘴巴后拉，嘴唇呈椭圆形的笑，是狞笑。

(3) 脸色、表情。脸红耳赤是激动，脸色苍白是过度激动或身体不适，脸色铁青是生气或愤怒；谈判人员用笔在白纸上乱画，眼皮不抬，表情麻木、表示厌倦。

(4) 手。一般情况下，摊开双手表示真诚，给人胸怀坦诚、说实话的感觉；除非双方是亲密的朋友，不然，与对方保持一定的距离，双手交叉于胸前，是具有设防的心理，若交谈一段时间，仍出现这种姿势，表明对对方的意见持否定态度；用手摸下巴、胡子，表明对提出的材料感兴趣并认真地思考；在谈判中自觉不自觉地把手扭来扭去，或将手指放在嘴边轻声吹口哨，表明紧张、不安。

(5) 腿脚。恐惧和紧张时，双腿会不自觉地夹紧，双脚不住地上下颠动或左右晃动；表面专注听讲的人，而双腿却在不住地变换姿势或用一只脚的脚尖去摩擦另一条腿的小腿肚子，那就表明其实他已经很不耐烦了。

(6) 其他。从容而谨慎的言谈表明说话充满自信、舒展自如；勉强的说话、快速或支吾表示说话者紧张；忧郁、坐立不安表示缺乏自信；把笔收好，整理衣服和发饰，表明已做好结束会谈的准备。

第二节　商务谈判的资料收集

商务谈判前，组建好商务谈判小组，接下来谈判小组成员就要分头收集本次商务谈判所需的一些资料，并对这些资料进行分析、整理，并在小组成员之间进行交流、传递，使小组每个成员对谈判所涉及的信息都充分了解，并做好保密工作。

一、谈判信息的收集

商务谈判前，对信息的收集是商务谈判中很重要的一项准备工作。另外，信息收集并不仅仅指对谈判对方企业的信息收集，还包括对本方企业本次谈判中涉及的信息的收集，以及整个行业相关信息的收集。

(一) 收集内容

若要开展一次成功的有利于我方的商务谈判，就必须在谈判前准确掌握对方的底牌以及策略。可以将商务谈判看成是一种心理上的博弈，即谈判技巧、专业知识以及信息的一种较量。通过以上种种，能够发现谈判的过程其实充满了不定性因素，所以，开始谈判之前要做好充分的准备，其中一个重要的准备工作就是信息收集，它起着决定性作用。

1. 本企业的信息

在谈判前，不仅要搜集到对方的信息，更要对自身的情况具有清晰的了解，一定要重视对关键信息的搜集。

2. 谈判对手的信息

通常情况下谈判对手的信息，一方面由企业背景、企业规模、资金情况、信誉等级、经营状况、经营战略等内容信息构成，另一方面由谈判方个人情况，如职位、授权、背景以及风格等因素构成。

在信息收集的基础上，需要对下列问题进行思考和准备：①预估对方在谈判中的各项指标；②对方的谈判策略和最期望达到的利益以及最低能接受的底线；③对方的第一、第二替代方案；④对方可能做出的让步；⑤绝不会妥协的原则问题；⑥如果在某一问题上分歧过大，导致谈判被迫终止，这时对方的压力有多大，会对他们产生何种影响。

3. 同行业同类产品信息

在谈判前期，还应做好对同行同类产品价格的调查研究，充分了解本行业的价格情况。这是由于在谈判中，对手一定会以同行业其他同类产品的价格进行讨价还价，这样一来，只有做到胸有成竹才能应付自如。总体来说包含了以下几方面。

(1) 要对国内国外的具体市场有着充分的掌握。主要包括分布、位置、运输、政治以及市场等情况。

(2) 要掌握该类产品的销路情况。例如竞争对手采取了什么样的营销方式以及中间商、零售商的基本情况等。

(3) 要掌握消费需求的一些基本情况。这就包括了消费者的购买习惯、购买动机、购买意向以及购买地点。此外还要掌握市场饱和、市场竞争等相关情况。

(4) 要掌握竞争信息。同时购买该类产品的商家数量、厂家市场、未来走向以及价格幅度等。此外还要掌握消费者的消费兴趣、产品性能以及广告投入等情况。

(5) 要掌握产品售卖的总体趋势。谈判方如果是卖的一方，就应该掌握本企业的销售情况，如果是买的一方，就应该掌握购买情况。

4. 商务环境信息

如果是国际商务谈判，信息收集还包括对这个国家或地区的商务环境进行分析，具体包括政治状况、法律制度、商业习惯、社会风俗、财政金融状况、基础设施和后勤供应系统、气候等。

(二) 收集渠道、途径和方法

1. 信息收集渠道

收集信息的渠道有正式渠道和非正式渠道。正式渠道指通过正式和相对公开的网络、媒介刊载和传递信息的渠道，如国家统计局公布的统计资料、行业协会发布的行业资料、图书馆中的有关资料(书籍、文献、报刊等)、专业组织提供的调查报告、研究机构提供的调查报告、相关公司网站发布的信息等。非正式渠道指通过组织之间、人与人之间的私人关系而获得信息的渠道。

2. 信息收集途径

信息收集的主要途径见表 3-1。

表 3-1　信息收集的途径

序号	途径	类别
1	公开传播信息	统计机关、行业协会、图书馆、报纸杂志等
2	相关单位搜集	样本、说明书、宣传册等
3	委托收集	委托专业机构、信息情报网、单位或个人收集
4	信息交换收集	国际、国内定期信息交换
5	实地收集	实地现场调研，面谈、访问等
6	参观展会	参观国内外各种博览会和专业展览会
7	网络收集	通过各种搜索引擎和公司网站进行搜集

3. 信息收集方法

信息的收集利用市场调研法，市场调研法以科学的方法，有目的、系统地收集、整理、分析和研究所有与市场有关的信息，从而提出解决问题的建议，并以此作为商务谈判决策的依据。市场调研分类见表 3-2。

表 3-2　市场调研分类

序号	分类标准	分类类型
1	按调查问题性质	探索性调查、描述性调查、因果性调查
2	按调查对象范围	全面调查、非全面调查
3	按调查时间	定期调查、不定期调查
4	按获取资料方法	间接调查、直接调查

商务谈判常用的市场调研方法见表 3-3。

表 3-3　市场调研方法

序号	分类标准	主要内容
1	文案调查法	间接调查法，对现有资料进行收集、分析、研究
2	实地调查法	直接调查法，直接收集、整理、研究对手
3	网上调查法	利用网络了解、收集资料
4	购买法	从市场上专业调研公司购买信息
5	专家顾问法	借用"外脑"，聘请专家进行调查

二、信息的分析和整理

商务谈判信息资料整理一般分为四个阶段：筛选阶段、审查阶段、分类阶段和评价阶段。

筛选指的是一个具体的选择信息的过程。审查指的是仔细辨别资料真实性的过程。分类指的是按照标准进一步进行归档的过程。评价指的是为各类资料进行评判，提供谈判依据的过程。

三、资料的传递与保密

商务谈判的资料具有一定的传递性和保密性，谈判者不仅要做好资料的整理，还要注重传递和保密工作的开展。

在进行资料传递时，要加强与乙方企业的联系，如果是异地谈判，则要进行有效的沟通和协调，让上级、下级都对谈判的进度有一定的掌握。

涉及己方文件内容要做好一定的保密工作。否则就会造成不必要的麻烦。特别是重要谈判场合，了解到有的企业投入一定的经费开展间谍活动。对此，更加要做好保密。

谈判信息资料保密的一般的措施包括：①不要随便托人代发电报、电子邮件等。②不要给对方造成窃密机会，如文件调阅、保管、复印等。③不要随意乱放文件。④不要过分信任临时代理人或服务人员。⑤不要在公共场所，如餐厅、机舱、车厢、过道等地方谈论有关谈判业务问题。⑥最后的底牌只能让关键人物知道。⑦在谈判达成协议前，不应对外公布。

第三节　商务谈判的方案制定

商务谈判的方案，一般是由企业最高领导层依据谈判目标、原则以及具体要求进行详细制定，并确保标准、期限以及分工等内容，规定联络通信方式及汇报制度。

一、明确谈判目标

（一）目标层次

1. 最理想目标

最理想目标是对自己最有利的期望目标，即在满足自己实际需求利益之时还有额外收益。它的特征主要包括四点。①是谈判进程开始的话题；②是单方面可望而不可及的；③是对谈判者最有利的理想目标；④会带来有利的谈判结果。最理想的目标一般情况下难以实现，因此在适当的时候是可以放弃的。但这并不意味着这一目标在谈判桌上没有实际意义，它往往是谈判进程开始时的话题。一个良好的谈判者必须坚持"喊价要狠"的原则。这个"狠"的尺度往往接近喊价者的最理想目标。在讨价还价的磋商过程中，倘若卖主喊价较高，则往往能以较高的价格成交；倘若买主出价较低，则往往也能以较低的价格成交。

2．最低要求目标

最低要求目标即通常所说的底线，是最低限度，也是谈判方必定要达到的目标。如果达不到，一般会放弃谈判。最低限度目标是谈判方的机密，一定严格防护。它的特征主要包括五点。①一般由谈判对手提出，采购人员可适当做出决策；②是谈判者必须达到的目标；③是谈判的底线，如果达不成这一目标，谈判可能陷入僵局或暂停；④属于内部机密，一般只在谈判过程中的某个微妙阶段才提出；⑤受最高期望目标的保护。最低要求目标是最终必须达成的目标，也是谈判者必须死守的"最后防线"。它与最优目标有着内在的联系。在实际谈判中，表面上一开始要求很高，其实是一种策略，目的在于保护最低目标。从另一个侧面看，明确最低目标也就了解谈判有无继续下去的可能。最低目标的确定，不仅为谈判者创造良好应变的心理环境，还为该谈判提供可选择的契机。

3．可实现目标

可实现目标即可交易目标，是经过综合权衡、满足谈判方部分需求的目标，对谈判双方都有较强的驱动力。在谈判实战中，经过努力可以实现。它具有三种特征：一是谈判人员根据各种主客观因素，经过科学论证、预测和核算之后所确定的谈判目标；二是努力争取或做出让步的范围；三是实现该目标意味着谈判成功。可接受的目标能满足己方部分需求、实现部分经济利益，是可接受的目标。但要注意的是在谈判过程中不要过早暴露，被对方否定。这个目标具有一定的弹性，谈判中要抱着现实的态度。

（二）确定谈判目标的关键准则

谈判目标的确定是一个非常关键的工作，其准则主要包括以下三点。

(1) 对目标按照一定的顺序进行排列。最高期望有的时候不能只有一个，要多设定几个。因此，要对各种目标进行排序，其他次要一点的可以降低要求。

(2) 不将全部精力放在最高目标上谈判时，要摆正心态，将期望值放在最低，不能一直追求最高价值的实现。否则，就会导致谈判整个过程失去重心，一旦遇到瓶颈，就会束手无策。所以说，在谈判时，应给己方留有较大的空间，以便调整方案。

(3) 最低限度目标要严格保密。己方应在最大程度上做好保密工作，要求除了参加谈判的人员，其他任何人都不能知道商业机密。否则，可能会为对方赢得先机，导致己方处于被动的局面。当涉及人员太多，无法监督时，利益攸关的关键信息只能由关键人物掌握。

(三) 谈判目标实现的因素

谈判目标能否实现，要进行可行性分析，在分析时主要考虑的因素有以下几方面。①本企业的谈判实力和经营状况；②对方的谈判实力和经营状况；③市场情况；④竞争者的状况及其优势；⑤以往合同的执行情况；⑥影响谈判的相关因素。

二、确定谈判地点

(一) 商务谈判场地的类别

通常情况下，商务谈判的场地分为四大类：①主座谈判。在主要举办单位即东道主单位举办，这种谈判确保了东道主单位具有一定的优势。②客座谈判。在谈判对方单位举办，这样一来谈判就会对对方更加有利。③主客座谈判。即主办方和邀请方轮流举办谈判。这样的谈判对双方来说都比较公开、公平、公正。④第三地谈判。双方经过友好协商，指定了第三个地方进行谈判。这样的谈判也是符合三公原则的。

以上四种谈判地点的选择各有利弊，谈判双方都会争取更加有利于自身的地点进行谈判。

(二) 确定地点的操作细项

对参加谈判的每一方来说，确定谈判的具体地点均事关重大。从礼仪上来讲，具体确定谈判地点时,有三方面的问题必须为有关各方所重视:①商定谈判地点。在谈论、选择谈判地点时,既不应该对对手听之任之,也不应当固执己见。正确的做法是应由各方各抒己见,最后再由大家协商确定。②明确谈判时间。谈判时间是指总的期限,包括开始时间、各轮次时间、每次时间的长短以及休息时间等。③做好现场布置。在谈判中,身为东道主时,应自觉地做好谈判现场的布置工作,以尽地主之责。

三、明确谈判的程序

一场谈判开始时,谈判各方间的寒暄、态度以及开局至关重要,开局的好坏决定以后谈判的进展。谈判一开始形成良好的谈判气氛会使双方容易沟通,便于协商。在正式谈判开始以后,没有报价以前,谈判双方经过交谈,就进入相互了解各自的立场观点和意图的阶段。在报价与讨价时会陷入一段时间的对峙阶段。然而,僵持不会无期限地持续下去,要么是做出妥协,要么是谈判破裂。谈判破裂是双方都不愿看到的一种局面,为了打破僵局,需要做出适当的让步。当谈判谈妥进入协议签订时,必须注意几个问题:①谈判达成的协议必须形成文字,以免口说无凭。②协议的文字要简洁,概念要明确,内容要具体。③不要轻易在对方协议书上签字,要仔细检查,以免掉入陷阱。

另外,谈判对策的确定应考虑下列影响因素:①谈判的时间限制;②双方实力的对比;③对方的谈判作用和主谈人员的性格特点;④双方以往的关系;⑤对方和己方的优势所在;⑥交易本身的重要性;⑦是否有建立持久、友好关系的必要性。

四、制定商务谈判方案

在谈判前,应制定合理可行的方案,该方案的制定涉及决策层、领导层,通过上层决议来形成最终的方案,包括目标、原则、要求以及规定等内容,可以依据谈判的具体情况来制定。

(1) 学习、借鉴已有的商务谈判方案文稿。为了更清楚、明白商务谈判方案的内容和结构，不妨在网上搜索一些目前其他公司拟定的商务谈判方案，作为参考。

(2) 分析商务谈判方案应包含的内容。商务谈判方案的内容一般包括：①分析商务谈判双方的背景资料。这一部分主要是进一步分析双方的背景、合作的基础、共同的利益以及各自的优势和劣势，为后面谈判目标的确定和策略的选择提供依据。②确定商务谈判的主题和目标。③确定谈判的程序和基本策略。④谈判人员的组织安排。⑤明确谈判议程。谈判议程包含谈判的时间、地点、主题和日程，以及洽谈事项的先后顺序。

第四节　商务谈判的开局

一、商务谈判开局的基本任务

商务谈判的开局，也称非实质性谈判。这主要是指谈判双方进入具体交易内容的洽谈之前，彼此见面，互相介绍，并就谈判内容和谈判事项进行初步接触的过程。虽然开局阶段在时间上只在整个谈判过程中占据很小的一段，而且涉及的内容似乎与整个谈判的主题关系并不大，但它在谈判中的作用却是十分重要的，因为开局阶段关系到双方谈判的诚意和积极性，同时也关系到谈判的发展趋势。可以说，一个良好的开局是谈判成功的基础。谈判开局阶段的主要目标就是双方对谈判程序和相关问题达成共识，双方谈判人员互相交流，创造一个友好合作的谈判气氛，分别表明己方的意愿和交易条件，初步摸清对方的情况和态度，为随后进入实质性的磋商阶段打下基础。为了达到以上目标，谈判的开局需要完成以下三项基本任务。

(一) 明确具体事项

所谓谈判的具体事项主要包括目的、计划、进度和成员四方面。谈判双方初次见面，首先要互相介绍参加谈判的人员，包括人员的姓名、职务以及谈判角色等情况。然后双方进一步明确谈判要达到的目标(这个目标应该是双方共同追求的合作目标)。此外，双方还要磋商确定谈判的大致议程和进度，以及双方需要共同遵守的纪律和共同履行的义务等一系列问题。

(二) 建立谈判氛围

谈判气氛往往会直接影响谈判人员的情绪和行为方式，进而还会影响到谈判的发展。谈判气氛受多种因素的影响，其中客观环境对谈判气氛的影响较大，例如，谈判双方面临的经济形势、市场变化、实力差距、文化氛围，以及谈判时的场所、时间、天气和突发事件等。关于客观环境对气氛的影响，谈判组织要在谈判准备阶段做好充分准备，尽可能营造有利于谈判的良好环境气氛。谈判气氛的形成，一般都是以双方相互介绍，通过双方接触时的表情、动作、姿态、说话的语气等方面来实现的。谈判气氛的营造既能够表现出双方谈判人员对谈判的期望和双方的谈判策略特点，同时还表明双方的态度，这是获得对方第一手信息的好时机。后面会对谈判气氛进行详细论述。

(三) 进行开场陈述

在开场时，双方各自陈述己方的观点和愿望，并且提出己方认为谈判应涉及的问题和问题的性质、地位，以及己方希望取得的利益、谈判的立场。通过初步接触，来探测对方的目标、意图和可能会做出的让步程度。

在谈判双方进行实质性的谈判之前，谈判人员一定要特别重视观察对方的言谈举止，通过这些细节去获取对己方有利的各种信息。还要留意对方阵营中正直坦诚和表现出合作倾向的人，多与他们沟通交流，以减少谈判中的障碍。同时，还要注意听话听音，捕捉对方谈话中所包含的更深层次的信息，这些信息反映的可能才是对方的真实意图。并通过摸底大致弄清对方利益之所在，进而发现双方共同获利的可能性。谈判人员可以在这个过程中就谈判的规程、计划、进度等提出一些初步的建议。由于这是一个基本不涉及或者很少涉及双方利益的问题，因此通过与对方坦率交流、协商，双方往往很快就可以达成一致。这样，就可以顺势将先前营造的诚挚而融洽的气氛带进双方进一步的洽谈过程中。

二、开局气氛的营造

(一) 必要性分析

每一项谈判都会有其独特的气氛。一般情况下，谈判气氛有热烈的、积极的、友好的，也有冷峻的、紧张的、对立的；有松松垮垮、慢慢吞吞、旷日持久的，也有严肃认真、力争朝夕、速战速决的。通常情况下，一项谈判总有一种气氛居于主导地位，并且贯穿于谈判的全过程。一般来说，谈判双方一经见面接触，谈判气氛就已经基本形成，并且将会延续下去，通常不会改变。第一印象往往根深蒂固，但这并不代表双方最初的接触是决定洽谈气氛的唯一时刻，实际上谈判双方在洽谈以前的非正式见面和洽谈过程中的交锋都会对洽谈气氛产生一定的影响，只是开局瞬间的接触最为重要。

从有利于达成协议的角度出发，双方在谈判初期就要营造一个互相信赖、诚挚合作的谈判氛围，为正式谈判打好基础。为此，谈判人员要做的第一件事就是要设法获得对方的好感，在彼此之间建立起一种互相尊重和信赖的关系。双方在初次接触时，不要急于进入实质性的洽谈，可先花一些时间，选择一些双方感兴趣又与谈判无关的话题来谈论。例如，双方各自的经历，共同熟悉或交往过的人，一场精彩的体育赛事，甚至天气、当天的热点新闻等，这些都可以成为谈判双方之间形成轻松、和谐气氛的媒介。客观地说，有时一种融洽对等的气氛不太容易形成，特别是当遇到实力较强、优势明显的谈判对手时更是如此。此时，谈判双方的地位悬殊，己方往往很难与对手对等谈判。然而，即使面对高高在上的谈判对手，只要双方有合作前景，也要尽力营造一种良好的谈判气氛。在实践中，通常有两种处理方法：①是积极的做法，就是在开始时表现出对对手极为尊重、附和并赞同他的见解，找机会显示出己方谈判人员的水准，不失时机地展示己方的独特优势，令对手转变态度。②则是比较消极的做法，就是给对方出点难题，挫其锐气，使对方能够正视己方的地位。

(二) 影响因素

影响开局气氛的因素有很多，既有环境、心理方面的因素，也有地位和实力

第三章　商务谈判的准备与开局

等方面的因素。许多谈判人员在谈判过程中始终处于紧张和不安的状态。这也许是因为他们不习惯谈判，或者因为这次谈判将决定公司和他们的命运。毫无疑问，这样的气氛对谈判非常不利。因此，在谈判过程中应避免以下几种情况：①被动的一方没有听完对方讲话的全部内容，就把全部精力转移到如何回答问题和如何应付上。②双方都按照各自的愿望理解对方讲话的内容，因此不能正确理解对方所表达的意思。③对对方持怀疑态度，即使正确理解对方讲话的意思，也不愿意相信。④由于紧张不能正确理解对方的讲话，或者单凭主观的标准来判断对方的讲话，因而对不愿意接受的那部分内容听不进去。如果谈判人员存在上述情况，就需要注意克服心理障碍，消除紧张因素，这样才能与对手建立良好的洽谈气氛。

要使谈判达到互惠双赢的目的，洽谈的气氛必须是诚挚、友好、合作、轻松和认真的。而要取得这样一种洽谈气氛，就需要谈判各方共同努力，精心营造，特别要注意不能在洽谈刚开始就匆忙进入实质性谈判。要花足够的时间，利用各种因素，努力营造合作的良好气氛。具体来说，应该从以下几方面进行设计。

1．谈判环境

谈判环境的好坏直接关系到谈判气氛的优劣，所以最好找一个与谈判主题相适宜的地方作为谈判地点。

谈判地点的氛围。谈判地点对谈判人员的心理有不小的影响。如果安排在谈判人员所在地谈判，就便于谈判人员随时向上级领导和专家请教，便于查找资料和提供样品等；同时在生活方面也能保持正常，饮食、起居都不会受到影响；更重要的是处于主人的地位，心理上占有优势。但是主场谈判并非处处皆好，也有一些弊端，如易受各种杂事的干扰、要花费一定的时间照顾对方等。在异地谈判虽有诸多不便，但也有一定的好处，如便于观察和了解某些情况，谈判人员在遇到难以解决的问题时，可以以权力有限，必须向领导请示方能给出答复为由，暂时中止谈判，从而有充分的时间权衡利弊，深入思考某些问题。一般情况下，对于重要的问题或难以解决的问题，最好能够争取在本方所在地谈判；而一般性的问题或比较容易解决的问题，则可以在对方所在地举行谈判。也可以选择一个中立地进行谈判。

谈判室的布置。谈判室最好选择在一个幽静、没有外人干扰的地方，房间大小要适中，桌椅摆设要紧凑但不拥挤，环境布置要温馨，灯光要明亮，使人心情愉快、开阔。谈判室的安排可以根据谈判内容的重要情况进行调整，通常开始时比较正规，可以安排在会议室进行；如果最后只洽谈一些无关紧要的问题，也可以在娱乐性的场所进行。谈判桌通常有两种：①是方形谈判桌，双方谈判人员面对面入座，但这种形式往往会给人带来一种凝重感，有时还会产生对立的感觉，而且交谈也不太方便，所以人们通常在中间放一些鲜花等物品进行调节；②是圆形谈判桌，双方谈判人员围圆桌而坐，这种形式可以使双方人员感到有一种和谐一致的气氛，而且交谈也比较方便。当然，有时候也可以根据实际的需要安排其他形状的谈判桌。有些谈判也有不设谈判桌的，大家随便坐在一起，交谈轻松自然，这样有助于增加友好的气氛。

一般情况下，谈判人员的座位安排主要有两种形式：①是双方分开而坐，即双方的谈判人员各分坐一边。这种形式可以让谈判人员心理上有一种安全感，而且便于查阅资料。②是双方人员交叉而坐，能够在一定程度上增强合作、轻松、友好的气氛。此外，对双方座位的间距也有一定的要求，如果排得太紧，彼此会感到拘束、不舒服；反之，如果离得太远，不但交谈不方便，还会在心理上产生一种疏远的感觉。因此，座位保持适当的距离，无疑有利于形成一种亲切的交谈气氛。

2. 个人风貌

谈判人员在谈判中应表现出良好的精神风貌。具体要求包括：①在精神状态上，精力充沛、神采奕奕、自信而富有活力。②在性格上，大方、自重、认真、活泼、直爽。尽量克服自己性格中的弱点。③在态度上，诚恳待人，谦逊而不骄满、端庄而不矜持、热情而不轻佻。④在仪表礼节上，秀美整洁、俊逸潇洒，使人乐于亲近。⑤在谈吐上，幽默文雅、言之有物、言之有据、言之有理、言之有味。⑥在动作表情上，适当得体。

3. 表情及肢体语言

肢体语言和有声语言一样，都具有很强的感染力。同时，它可以直观地反映出一个人是行事果断还是优柔寡断，是轻松愉快还是剑拔弩张，是精力充沛还是疲惫不堪。这些往往是通过头部、背部和肩膀的动作反映出来的。谈判人员的表情对谈判的气氛有着很大的影响，为了创造一个好的谈判气氛，谈判人员在表情上要特别注意表情要恰当，要善于适应交流过程发生的变化；表情务必率真、自然；要注意眼睛的变化，而且要与唇和脸部肌肉的变化相配合；切忌面无表情、呆板。

4. 适宜的服饰

谈判人员的服饰要与谈判的环境和谈判对方相匹配，而且要注意服装的配色。衣服面料的各种色调的协调固然重要，但更重要的是要与环境、穿着者的年龄和职业相协调。另外，还要注意款式与体形的和谐，服装的新颖款式可以给人增添无穷的魅力，能使自然美和气质美更加突出，也能使谈判人员原有的体形、气质上的不足得到弥补。然而，现在的服装款式变化日新月异，而人的体形又千差万别，因此对于服装款式的选择并没有一定之规。一般情况下，对谈判人员装束的总体要求是美观、大方、整洁。由于服饰属于文化习俗范围，所以不同的文化背景也就会有不同的要求。

5. 中性话题

在谈判进入正式话题之前，谈一些双方都感兴趣的中性话题，有利于营造和谐的气氛，因为这些话题一般与业务无关，比较容易引起双方的共鸣。中性话题的内容通常有各自的旅途经历、双方都喜欢的著名人士、彼此都熟悉的人和事、热门文体新闻事件、业余爱好、与彼此都有过交往的老客户等。

6. 心态平和

创造开局的良好气氛，需要谈判人员保持平和的心态。要把对方看作是合作伙伴，而不是剑拔弩张的竞争者，因为谈判的目的是达到双赢。平和的心态要通过行动表现出来，具体体现在以下几方面：①礼貌。谈判双方在开局阶段营造出一种尊重、以礼相待的气氛非常重要，不能流露出轻视对方、以势压人的态度，更不能以武断、蔑视、指责的语气讲话。②友好。谈判人员要真诚地表达出对对方的友好态度和对合作成功的期望，热情的握手、信任的目光、自然的微笑，都有助于营造双方友好合作的气氛。③自然。无论是语言、表情还是行为，都应该表现得十分自然。④进取。进取主要表现为追求效率、追求成功的决心以及解决问题的方法。无论双方存在多大分歧，都相信一定会获得令彼此满意的结果。

三、开局注意事项

谈判开局时，谈判人员不仅要把精力放在营造良好的谈判气氛上，而且要注意观察对方和做好对谈判议题的阐述。

(1) 要注意观察对方。谈判人员要通过对对方言谈举止的观察和分析，掌握对方的性格、态度、风格、意向、策略、经验等各方面的情况。例如，对方在寒暄时，不能应付自如，或是锋芒毕露，就可以判定他是一个新手；相反，如果双方一见面，对方就从容自若，侃侃而谈，并设法调动谈判的兴趣，试图探测对手的实力，也不能就此判定他是一个老手。只有注意观察、分析对方，才能做到心中有数。

(2) 要注意对方的谈判风格。谈判人员在谈判的开始阶段就要注意判断出对方的谈判风格，以便采取相应的方式使谈判得以健康发展。为了寻求双方合作，通过谈些一般性的话题，了解对方的立场、原则、需要，以及在哪些问题上对方可以做出让步。不仅要了解对方的整体情况，而且对对方个人的背景和价值观以及是否有可加以利用的事项，都要了解清楚。

(3) 注意阐明谈判的议题。双方步入谈判室后，一方面需要为创造气氛而努力，另一方面也要为开场破题即阐明谈判的议题做相应的准备。阐明谈判议题这个环节需要多长时间，通常要根据谈判的性质和谈判的总时间来确定。一般情况下，控制在谈判总时间的 5%以内较为合适。例如，准备进行 2h 的洽谈，用 6min 阐明谈判的议题足矣。如果谈判将持续几天，可以在开始谈判前举行个轻松的聚会，在聚会上阐述议题。当谈判的参与人员较多时，最好分组阐明谈判的议题。

第四章 商务谈判过程中的策略探讨

在长期的谈判实践中,人们在各个阶段总结出许多有关谈判的策略,至今仍在商务谈判中广泛应用。本章论述开局阶段、报价阶段、讨价还价阶段、成交阶段以及合同的签订与变更阶段的策略。

第一节 开局阶段的策略

在开局阶段,谈判人员除了要注意创造良好的谈判气氛、探测对方虚实与做好开场陈述之外,还需注意开局具体策略的选择。

一、策略的选择

(一)保留式策略

保留式策略指的是在谈判中应有所保留,对于对方提出的一些切中要害或者难以回答的问题,采取回避、模糊的回答方式,不做正面回答,这样会让对方摸不着头脑,以此迷惑对方。使用这种谈判策略要注意,不能以牺牲诚信为代价,要遵守基本的道德准则,不能为了达到目的而提供虚假信息来欺瞒对方,这会导致谈判破裂,使自身信誉受损。

(二)坦诚式策略

坦诚式策略指的是应开门见山、明确地向对方表明自己的观点和看法,这种策略比较直接,可以使双方迅速进入谈判状态。这种谈判策略适用于合作时间较长、有一定合作基础的双方，基于之前合作的满意度，对双方情况了如指掌的情况下，没有必要做太多的铺垫就可以直接进入正题，这样会加深彼此的信任度。

（三）一致式策略

一致式策略指的是在谈判开始前，努力赢得对方的认可和信任，使双方对谈判抱有一致的态度，使谈判的气氛友好而和谐，以便于深入地展开谈判。

（四）挑剔式策略

挑剔式策略指的是在谈判中挑剔对方的毛病，指出错误并加以批评，这样会使对方产生一种愧疚心理，从而放低姿态，更容易答应己方提出的某些条件。

（五）进攻式策略

进攻式策略指的是在谈判中态度比较强硬，在言语或行为上具有一定的攻击性，以此给对方造成一定的心理压力，赢得对手的尊重，使谈判更有利于己方。但是运用这种策略是有一定风险的，优点是它可以扭转对自己不利的局面，缺点是运用不当可能会激怒对方，导致谈判发生破裂或终止。

二、禁忌事项

开局阶段的禁忌事项主要有以下几点。

(1) 在建立恰当的谈判气氛之前就迅速进入实质性会谈。双方一见面，马上就进入实质性洽谈，这对谈判相当有害。为了使谈判成功，一开始必须诚挚合作。洽谈开始时的话题最好是轻松的、非业务性的。双方可以聊聊各自的经历、体育比赛、私人问题。

(2) 对双方的权利分配失当。一方说得过多，而另一方没有说话的机会，会破坏谈判的气氛，必须加以注意。一般来讲，东道主应首先发言，避免冷场，双方说话的时间各占一半。

(3) 个人形象差。参加谈判人员的个人形象差会影响洽谈气氛。应避免出现神态紧张、优柔寡断、疲惫不堪；握手无力；目光躲闪、猜疑等现象。

第二节　报价阶段的策略

报价阶段是提出实质性交易条件至还价前的一段时间。参与谈判各方在结束非实质性交谈以后，就要将谈话转向有关交易内容的正题，即开始报价。报价以及之后的讨价还价是整个谈判过程的核心和最重要的环节，决定着整笔业务是否能够成交，成交后能带来多少利润。所谓"报价"，不单单是指价格方面，而是泛指谈判的一方向另一方提出的所有要求，包括商品的品质、规格、数量、包装、价格、装运、保险、支付、检验、索赔、仲裁等所有的交易条件，其中价格条件是最重要的。由于价格是商务谈判的核心，因此统称为报价。

一、报价的方式

(一) 口头报价形式

口头报价具有很大的灵活性，谈判者可以根据谈判的进程调整己方的谈判战术，没有约束感。口头报价可充分利用个人的沟通技巧，促使交易达成。口头报价的最大优点是能够根据谈判的形势见机行事，报价可随时调整。然而，对于一些复杂的要求，如统计数字、计划图表等，难以用口头方式表述清楚，从而会影响谈判进度。为克服这一不足，在谈判前可准备一份印有本企业交易重点、某些特殊要求、各种具体数字的简明表，以供不时之需。

(二) 书面报价形式

书面报价通常是谈判一方事先提供较详尽的文字材料、数据和图表等，将本公司愿意承担的义务以书面形式表达清楚，使对方有时间针对报价做充分的准备，使谈判进程更为紧凑。但是，书面报价也存在着以下弊端：一是书面报价的白纸黑字，客观上成为该公司承担责任的记录，限制该公司在谈判中的让步和变化。二是文字缺少感情色彩，无法使对方感受己方与对方的合作态度。因此，谈判双方实力相当时可使用书面报价；实力较弱的一方应尽量避免采用书面报价，而在谈判桌上口头报价。

二、报价的顺序

谈判双方对彼此有了一定的了解后，即可进行报价。报价具有两种不同的顺序，一是己方先报价，二是让对方先报价。在决定是否先报价时，要综合考虑自身因素，看是否有利。

(1) 先报价的益处有二：①会影响谈判结果。谈判双方都希望谈判形势朝着有利于自己的方向发展，先报价者可能会掌握主动权，由此影响整个谈判的过程。②能够打乱对方的计划。如果己方先报的价格超出了对方的预算，或者无法接受，会使其对后续的谈判缺乏信心，扰乱了对方的计划，面对突发状况，对方会不知所措，从而降低自己的标准。

(2) 先报价的弊端在于：①提前暴露。对方了解己方的报价后，可以对他们原有的想法做出调整。由于己方先报价，对方对己方的交易起点有所了解，他们可以修改预先准备的报价，获得本来得不到的好处。②陷于被动局面。如果对方是买方，对方会逼迫己方降价(如果对方是卖方，则要求己方提价)，而并不透露他们自己愿意出的价格。

(3) 先报价有以下几种适用情况：①如果预期谈判将会出现争斗，那么己方应先报价。在这种情况下，己方先报价可以将主动权掌握在自己手中，更好地和对方进行谈判。②如果对方的实力比己方弱，则可以选择先报价。先报价可以为谈判划定一个范围，如若己方对市场情况了解比较清楚，则会使谈判更有利。③如果与对方是长期合作的关系，对彼此的情况都很熟悉，那么任何一方都可以先报价。④由提出谈判的一方先报价。⑤卖方先报价。卖方先报价可以得知对方的反应，以此做出相应的调整。

三、报价的关键事项

报价的高低对整个谈判进程会产生实质性影响，因此要成功地进行报价，谈判人员应遵循以下的依据与原则、报价的注意事项和典型的报价战术。

(一) 应遵循的依据与原则

在实际商务谈判中，报价应遵循以下原则：①随行就市；②主要出口或进口国家成交价；③国际市场替代商品的供求状况及发展趋势；④参照买主或买主当地批发价；⑤国际市场同类商品的供求状况及发展趋势；⑥国际经济行情的状况及发展趋势；⑦在报价时，可以把相关商品的生产、库存，地区局势是否稳定等作为参考因素，但是不是绝对的。在谈判中进行报价，应根据具体情况而定，灵活掌握。

买卖双方肯定都希望价格对自己有利，但是报价必须要被双方都认可，否则买卖就不能继续下去。在报价时，一方面要考虑价格到对己方是否有利，另一方面还要考虑对方的接受程度。可以遵循以下三种报价原则。

(1) 对于买卖双方来说，报价最重要的原则是卖方要求的是最高价格，买方要求的是最低价格，应在最低和最高价之间找到平衡点。

(2) 报价要明确。在报价时，应表现出果断、坚决的态度，这样会使对方觉得不好压低报价，也会让对方感觉出己方真诚合作的态度。

(3) 报价必须合情合理。无论是卖方还是买方，报高价与报低价必须是合情合理的，即能找出合适的理由为之辩护。卖方的报价要报得高一些，但绝不是毫无根据；同样，买方的报价要报得低，但绝不是毫无道理地压低价。卖方所报的高价与买方所报的低价必须合乎情理。双方在报价时，首先要表现出一定的诚意，卖方的报价不要过高，买方的报价也不能太低，最忌讳的是双方都毫无根据的报"天价"，各方固执己见不肯让步。

(二) 确定报价应注意的问题

一般情况下，一方开盘之后对方立即接受的例子极为少见，一方开价后对方要进行还价。谈判人员在确定报价时应注意以下问题：①报价有一定的虚头是正常情况。虚头的高低要看具体情况而定，不能认为越高越好。例如，在国际市场行情看好时，卖方的虚头可以略高一些；而在国际市场行情不好时，卖方的虚头应低一点。②报价应考虑双方的合作关系以及谈判氛围。不能在占有一定优势地位时,向对方施压;在双方具有以往的合作经验,彼此很熟悉的情况下,报价应该符合双方的利益,否则可能会破坏以往合作建立起的信任;如果竞争比较激烈,则报价应相对低一些,要在对方能够接受的范围内,否则可能会失去谈判的机会。③报价有较高的虚头是必要的。开盘价的高低对己方很重要,它是对方评估己方总体水平的一个参考标准,也是第一印象。开盘价很高的话,也说明商品质量有保证;反之,如果开盘价过低,人们会怀疑其商品的质量。所以,尤其对卖方而言,报出含有高虚头的价格是很有必要的。

四、报价解释的原则

通常情况下,一方在报价之后,要给对方一个合理的解释,即为什么是这个价格。在向对方解释时,要遵循以下几个原则:①如果对方没有询问报价的原因,那么己方可以不进行解释。②如果对方提出与交易有关的问题,则要详细解答。因为这关系到双方合作的透明度,回答时要明确,不能有含糊不清的地方,否则会给对方留下不好的印象。③说话要把握好尺度,某些问题要仔细回答,有些问题则可以从侧面回答,尽量说些具有实际意义的话,不要说或少说那些没有意义的话。④能够进行口头表达的,尽量不要采用书面语的形式,因为书面语是白纸黑字,口头语则存在失误的可能性。

第三节 讨价还价阶段的策略

讨价还价阶段是谈判的关键阶段,也是最困难、最紧张的阶段。一般情况下,谈判一方报价之后,另一方不会无条件地接受对方的报价,而要进行一场实力、智力和技术的较量。讨价还价阶段是谈判各方求同存异、合作、谅解、让步的阶段。因此,这一阶段是谈判各方为了实现其目的而运用智慧、使用各种策略的过

第四章　商务谈判过程中的策略探讨

程。讨价还价阶段的策略具体体现在以下几方面。

一、准备工作

讨价还价需建立在充分的准备之上，即将对方报价的依据进行总结、推敲，计算出对方虚价的大小，了解其意图，分析彼此报价的差距，明确主攻方向，进而设计对策。在正常情况下，一方报价以后，另一方不要立即予以回复，而要根据对方的报价内容，检查、调整或修改自己原来确定的还价总设想。讨价还价前的准备包括以下三项工作。

(1) 计算工作。计算是指己方根据对方报价的内容和自己所掌握的商品比价的资料，推算出对方虚价的大小，并尽力揣摩对方的真实意图。如有可能，应把对方报价中虚头最大、己方反驳论据最充分的内容作为说服对方的主要攻击点；或者以对方报价内容计算的结果为基础，进而考虑己方应采取怎样的策略，提供哪些有利于对方的条件，以促使双方尽快达成互利性合同。

(2) 看阵工作。谈判中的"看阵"，是指当一方报价之后，另一方运用口问、耳闻、目察等手段，了解报价一方谈判动向的活动。听价方应在向报价方逐项核对各条款的基础上，以自然、巧妙的询问，弄清对方报价的依据。

(3) 列表工作。讨价还价前进行准备的主要目的，通过对面临的问题进行分类，分清问题的轻重缓急，设计出相应的对策。为达到此目的，谈判人员通常的做法是列出三张表，并以表为依据同对方交涉，这三张表分别如下：

1) 提问表。这是一种依据谈判议程，按谈判时间的先后，将所提问题排列成序以供备用的做法。其优点在于能使谈判者心中有数，知道在什么时候应该谈什么问题。

2) 评论表。评论表是对对方报价所做的总体和阶段性评价。本节第二部分将详细介绍如何进行讨价还价前的评论。

3) 实施要点表。此表应明确己方将针对哪些交易条件进行讨价还价，以及讨价还价的实施步骤。实施要点表的内容包括：①不能做出让步的交易条件；②可给予对方优惠的具体项目和让步的幅度等。

二、针对报价的评论方法

讨价还价前先要对对方的报价做出评论。评论是指对交易对方所作的技术、商务解释中的不明之处、不妥之处予以明确和批判。针对对方报价的评论既有试探之效，又能显示己方的认识力。评论方法有概括式和罗列式两种。

（一）概括式评论

概括式评论是指从总体感觉谈己方的看法，具体又可分为比较法和分析法。比较法的例子有："个人认为贵方的技术水平不高，设备工艺陈旧，而价格却如此之高。"这种评论反映了己方的总体意见，可令对方反思。分析法的例子有："这台自动化设备相当于10台手动设备的效率，而其价格可以买20台手动设备、支付10个工人20年的工资福利后还有富余，这反映出性价比不合适，该价格明显较高。"概括式评论的优点是自我保护性好，在正面交锋的初级阶段可以运用此法。概括式评论的缺点是不能深入，最终解决问题有困难。

（二）罗列式评论

罗列式评论是指逐项、逐点对对方的报价予以批判、评论，评论的依据是对方的价格解释。报价方如采用罗列式，进行详细的价格解释，则评论也应以罗列式对应。罗列式评论也可分为比较法和分析法。罗列式评论的比较法通常是比技术水平、比工艺、比价格、比服务、比保证期。例如，"贵公司生产线中的通用设备价与市场价相差不多，专用设备价则高两倍。"罗列式评论的分析法是指详细分析对方报价所存在的问题。例如，在成套项目的交易中，可分析卖方报价中的设备价格、技术费、技术服务费、备件费、支付条件、交货期和保证期等各项内容，指出其报价不妥之处。

三、退让原则

商务谈判即双方就价格、条件、利益等各方面进行磋商的过程。只有双方做出适当的让步，才能使双方的利益达到一致。因此要从客观角度出发，适时做出一些让步。在谈判的各个阶段都能够体现出退让的技巧和方法，要想正确使用让步策略要从以下几个原则出发。

(1) 目标价值最大化。在商务谈判的过程当中，双方会存在很多需要磋商的议题，也有很多需要实现的谈判目标，因此在整个谈判过程当中，应寻求双方利益的最大化。这种利益最大化并不是使所有目标都能够最大化，秉承着商务谈判公平公正的原则，让步原则可以体现在不同的谈判目标上面。

(2) 清晰原则。所谓"清晰原则"，是指让步的标准、对象、理由、具体内容及实施细节应当准确明了，避免因为让步而导致新的问题和矛盾。

(3) 时机原则。所谓"时机原则"，就是在适当的时机和场合做出适当适时的让步，使谈判让步的作用发挥到最大，所起到的作用最佳。

(4) 弥补原则。在商务谈判过程中，如果出现自己不妥协就可能失败的情况，那么就要掌握好让步的最好时机。如果在某一个目标上，自己已经给对方很大的优惠，那么在另外一个目标的实现上就要获得均等或者加倍的回报。所以如果发现自身的让步能够得到更大的利益，就应该做出让步，使整体的谈判向有利方向发展，因此在商务谈判中，适时退让才能够使整个谈判顺利进行。

(5) 刚性原则。在商务谈判的过程中，每个人都在追求自身利益的最大化，要对自己可能让步的程度有心理预期。也就是说在谈判过程中，使用让步策略是有条件的，在运用的时候先从小范围开始，然后扩大到更大范围。同时谈判的一方对于让步的一方也会产生心理预期，也就意味着同一种让步方式会慢慢失去原有的效果。还应该注意，谈判对方的让步需求是没有边界的，不能被他们逼得退无可退。谈判人员还要意识到对让步策略的运用是有限度的，要知道有时候即使做出很大的让步，也无法获得预期中的让步回报。

四、让步策略

(一) 对方的反应情况

在做出让步的决策时，事先要考虑到对方的反应。在做出让步时，会出现以下三种情况：一是自身的让步会让对方认为自己的报价还有很大的空间，认为只要再继续砍价，便能够获得更大的让利空间；二是对方对于自己所做出的让步感到满足，并会在其他地方表现出不在乎；三是对自己的让步不在乎，在态度和价格上没有任何变动。

(二) 常见的让步方式

1. 正拐式

正拐式是一种坚定的让步方式，即在谈判的最后关键时刻，一下子让出全部可让的利益。如果买方是一个意志比较薄弱的人，当卖方采用此方式时，买方可能早就放弃讨价还价了；如果买方是一个意志坚强、不达目的不罢休的人，那么买方只要不断迫使对方让步，最终就可能达到目的，并获得利益。在运用这种方式时，往往要冒着形成僵局的危险。正拐式让步的让步方态度比较果断，往往被认为有大家风度。在这种让步方式下，让步方在开始时寸步不让，态度十分强硬，使对方一直认为妥协的可能性很小。

在起初阶段坚持不让步，态度比较果断，显示出己方信念坚定。如果对方缺乏毅力和耐性，就有可能被征服，即不需做出让步，从而使己方在谈判中获得较大的利益。而在最后又做出大的让步，对方会有险胜感，会珍惜这种让步。这会给对方留下既强硬又出手大方的印象。然而，由于谈判让步的开始阶段一再坚持寸步不让的策略，可能导致谈判破裂，具有较大的风险性。同时，易给对方造成缺乏谈判诚意的印象，进而影响谈判的和局。

正拐式让步适用于对谈判投入少、依赖程度低因而在谈判中占有优势的一方，因为正拐式让步易于导致谈判破裂，当一方为谈判所付出的时间、精力、交易数额不大时，该方觉得即使谈判不成功影响也不大，所以不怕谈判失败。

第四章 商务谈判过程中的策略探讨

2. 阶梯式

这是一种等额地让出可让利益的让步方式。采用这种方式时,如果遇到有耐性的对手,就会期待进一步的让步。该种让步方式显示出让步方态度谨慎,步子稳健,极富有商人气息。在这种让步方式下,双方不断地讨价还价,让步的数量和速度都是均等、稳定的,国际上称之为"切香肠"战术。

阶梯式让步方式适用于以下谈判方或谈判场合。

(1) 适用于没有经验的谈判新手。由于谈判新手缺乏谈判经验,为防止让出过多利益,每次只作小幅度的让步,较稳妥。

(2) 适用于讨价还价较激烈的谈判场合。在谈判激烈的场合,双方分利必争,此时就适于采取步步为营的让步方式。

(3) 适用于较为陌生的谈判。如果对谈判对手不熟悉,而且对对方的底价不清楚,就可以采用这种步步试探的让步方式。

(4) 适用于对方缺乏时间与耐心的谈判场合。如果对方谈判的时间较为紧迫,或者谈判对手缺乏耐心,不愿意在讨价还价阶段花过多的时间,那么就可以采取这种让步方式,从而为己方争取更多的利益。

3. "地中海"式

这是一种开头让步幅度大,中间让步幅度小,然后逐步增加让步幅度的让步方式。这种方式显示让步方的立场较坚定,让步的余地越来越小,到最后,以一个适中的让步结束谈判。这种方式初期的让步幅度非常大,然后减小,最后再让出较大的利益。表现出让步方合作为主、竞争为辅、柔中带刚的谈判风格。

"地中海"式让步的优点包括:①初期让步较大,有很强的诱惑力;②大幅度让利之后,第三次做出的让步很小,向对方传递了已基本无利可让的信息,易于使对方产生获胜感而达成协议;③如果第三步所作微小让利不能使对方满意的话,再让出最后大一些的利润,往往会使对方很满意,从而达成协议。

"地中海"式让步的缺点包括:①初期让步较大,容易吊起对方的胃口,加强对方的进攻性;②前后让步对比略为明显,容易给对方留下诚意不足的印象。

适用该让步方式有三种情况:①对方具有耐性;②准备用己方的让步作为换

取对方某种回报的条件；③己方意在成交，但又需稳扎稳打。

4. "虎头蛇尾"式

这是一种让步幅度由大到小，让步越来越小的方式，即头大尾小的让步方式。"虎头蛇尾"式让步与低谷式让步有些类似，它们的让步幅度都是由大到小。但在"虎头蛇尾"式让步中，每次让步的下降幅度更大，对比更明显。在初期以高姿态出现，并做出较大的让步，向前迈两大步，然后再让微利，向对方传递无利再让的信息。这时，如果对方一再坚持，则以较小的让步结束谈判，效果往往不错。

"虎头蛇尾"式让步方式的优点包括：①谈判的让步起点较高，具有较强的诱惑力；②大幅度的让利之后，到第三步仅让微利，给对方传递了已基本无利可让的信息，因此比较容易使对方产生获胜感而达成协议；③这种让步既可以使对方感觉到己方已作了最大努力，又可防止对方提出新的让步要求。

"虎头蛇尾"式让步方式的缺点包括：①一开始让步很大，容易造成己方软弱可欺的不良印象；②头两步的大让利和后两步的小让利形成鲜明对比，容易给对方造成诚意不足的印象。

该方式适用于以合作为主，以互惠互利为基础的谈判。在开始时做出较大让步，有利于创造良好的合作气氛和建立友好的伙伴关系。

5. 断层式

这是一种开始让出大部分利益，中间不让步，最后稍做让步的让步方式。这种方式给人以憨厚、老实之感，因此成功率较高。这种让步方式在让步初期就让出绝大部分利益；第二次让步即达己方可让利益的边际；第三次讨价还价时，明确表示拒绝让步，向对方传递可让利益已基本让完的信息；如果对方仍一再坚持要求让步，那么再让出最后一步，以促使谈判成功。

这种方式适用于在谈判竞争中处于不利境地，但又急于获得成功的谈判一方，它使让步方有三次较好的机会达成协议。

6. 山峰式

这是一种每次让步都有变化，让步的幅度先高后低，然后又拔高的让步方式。

这种让步方式比较机智、灵活，富于变化。使用这种让步方式能够正确处理竞争与合作的尺度，在较为恰当的起点上让步，然后缓速减量，给对方传递一种接近尾声的信息。这时，如果对方已知足即可收尾；如果对方仍穷追不舍，卖方再大幅度让利，在一个较高的让步点上结束谈判。

山峰式适用于竞争性较强的谈判，并适合由谈判高手使用。该策略在运用时要求的技术性较强，又富有变化性。在运用该让步方式时，谈判人员应时刻观察谈判对手对己方让步的反应，以调整己方让步的速度和数量，实施起来难度较大。

7. 低谷式

这是一种让步幅度由高到低、逐渐减少的让步方式，体现了合作在前、竞争在后、柔中有刚的谈判风格。低谷式让步是一种比较自然的状态下的让步形式，并符合一般的商务谈判规则，以大让步作为降价起点，然后依次下降，把自己所能够让出的利益全部展示出来。所以这种让步形式会给人一种自然而然、顺理成章的感觉，也是在商务谈判当中最经常用到的一种形式。

低谷式让步的优点包括：①一开始的让步幅度大、起点高，表现出应有的诚意，易于赢得对方的合作意向；②易为人们所接受，给人以顺其自然之感；③让步的幅度是一步较一步更为谨慎，一般不会产生让步上的失误。

低谷式让步的缺点包括：①让步由大到小，对于对方来说，越争取利益越小，往往使对方感觉不是很好，所以终局情绪不会太高；②一开始的让步幅度较大，会令对方觉得己方的报价有较大的虚头，从而加强对己方的进攻；③这是谈判让步中的惯用方法，缺乏新鲜感。

低谷式让步方式适用于以下谈判方或谈判场合。

(1) 适用于商务谈判的提议方。谈判方对谈判的和局更为关心，理应做出较大的让步，以诱发对方从谈判中获利的期望。

(2) 适用于合作型谈判。谈判各方的合作意愿较强，因而一开始就要做出较大让步，以显示合作的诚意。

(3) 适用于己方谈判优势不明显的谈判。由于己方处于相对劣势，在谈判一开始就应做出较大让步，以取得对方的合作意愿。

8. 钩勾式

钩勾式是一种奇特而又巧妙的让步方式，风格果断诡诈，富有戏剧性，又具有冒险性。第一次的大幅度让利和第二次的小幅度让利之后，已让出全部可让利益；第三步又诱惑性地让出本来不该让的一小部分利益；然后在第四步又想方设法把赔让的部分要回来。这是一种对技巧性要求较高的让步方式，只有谈判经验非常丰富的人才能灵活运用，否则最后一步难以钩回。

钩勾式让步方式的优点包括：①开始两步让出全部利益，具有很大的吸引力，往往会使对方很满意；②若前两次的让利还不能打动对方，再冒险让出不该让出的利益，就会产生一种极强的诱惑力；③第四步可借口某原因，从另一角度找回己方所需的利益，使己方的利益不致受损。

钩勾式让步方式的缺点包括：①在最开始的两步就把所有的利益都让出，使谈判对方抱有很大的期望，估错了自己议价的能力；②在第三步做出的额外让步，如果在第四步中不能追平，那么就会使自己的利益蒙受损失；③在第四步的讨价还价中，很容易使之前谈好的条款破裂。该方式适用于大型而复杂的谈判，多轮次的谈判，陷入僵局的谈判。

五、迫使对方退让

商务谈判中的让步是必经的阶段，讨价还价阶段就是想方设法迫使对方做出让步，从而为己方争取更多的利益。迫使对方退让的策略主要有以下几种。

（一）趋利避害

在讨价还价阶段，谈判人员应明确指出谈判成功能给对方带来的利益，以及谈判失败给对方带来的损失，从而迫使对方做出让步，这便是趋利避害策略。在谈判过程中，当对方明明可以让步却坚持不让步时，就可以采用此策略。己方应以强硬的、不容置辩的口气，一针见血地指明对方的要价对他们自身利益

第四章　商务谈判过程中的策略探讨

的损害及其利害关系，同时展示出己方为对方着想的诚意，以达到促使对方让步的目的。

运用此策略时，首先要稳住己方的阵脚，继而以利诱之、以害劝之，步步紧逼地逼迫对方让步。当然，此时的语言运用不妨灵活一些，可软可硬，可柔可刚，可收可放。总之，以逼迫对方妥协为最高目标。谈判中迫使对方让步的最有效策略是制造和创造竞争条件。如果己方除了与对方进行谈判之外，还有其他可选的谈判对象，那么必然会给对方施加压力，从而迫使对方做出让步。

具体的做法是：如果己方是买方，则应多考察几家供应商，如有必要，可同时邀请若干家供应商前来谈判，并在谈判过程中适当透露一些有关竞争对手的情况。在与一家供应商达成协议之前，不要过早结束与其他供应商的谈判，以保持竞争的局面。同样，如果己方是卖方，则应多找几个买家，给对方以货物供不应求的假象。即使对方实际上没有竞争对手，己方也可巧妙地制造假象迷惑对方。

（二）最后通牒

当谈判陷入僵局、双方相持不下时，己方可以通过向对方发出最后通牒迫使对方做出让步。最后通牒就是明确指出达成协议的最后期限，如果对方在该期限内不接受己方的交易条件，那么己方就宣布谈判破裂，并退出谈判。当对方明明已达到其预期目标，但仍穷追不舍，期望获取更大利益时，己方可通过最后通牒策略打破对方的奢望，击败犹豫中的对方。

谈判人员在运用最后通牒策略时应注意以下几点。

(1) 己方应处于强势地位。就对方而言，此次谈判成功的重要性高于己方，对方更期待协议的达成。这是运用此策略的基础和必要条件。

(2) "最后通牒"的提出必须非常坚定而明确。如果"最后通牒"不够坚定，尚有回旋的余地，那么对方不会被此"通牒"震慑。只有坚定地提出"最后通牒"，才能打破对方的幻想。当然，己方也应做好对方真的不让步而退出谈判的思想准备。

(3) 使用该策略的时点应是谈判的最后阶段或关键阶段。对方经过旷日持久的谈判，已花费了大量的人力、物力、财力和时间，一旦拒绝己方的交易条件，这些成本将付之东流，在谈判的最后阶段或关键阶段使用该策略能收到很好的效果。

(4) 不可滥用。最后通牒策略不可滥用，并且对于谈判气氛不利，对己方形象也有损害。

(5) "通牒"应令人觉得可信。即宣布的警告有可能存在。

六、阻止对方进攻的策略

在讨价还价阶段，除了迫使对方让步之外，还应有效地阻止对方进攻。阻止对方进攻的策略主要有以下几种。

(一) 受限策略

限制策略是自己始终坚定自己的谈判立场，寻找客观因素或外在条件作为借口阻止对方提出的要求，使对方知难而退的一种谈判策略。在很多商务谈判过程当中会使用以下的限制因素。

(1) 权利限制因素。公司的政策、上级的授权、国家的法律、交易的规则等各个方面都是谈判者拥有客观拒绝的权利。当这些权利受到限制时，就可以对对方坦然说出拒绝。

(2) 资料限制因素。如果谈判对方对于某一个问题想要解释或者让自己让步时，可以以缺少资料作为借口，不再进行解释。

(3) 其他方面限制因素。包括时间、自然环境、生产技术、人力资源等各方面因素，这些因素都可以成为合理拒绝对方要求的理由。

(二) 示弱求怜

具体示弱的方法主要包括：①如按对方要求达成协议，公司必将破产或倒闭，或者他本人就会被公司解雇；②有时还可以做出哭泣状，以加强示弱的效果。这种策略能否奏效取决于对方谈判人员的个性以及对示弱者的相信程度，因此具有较大的冒险性。

(三) 以攻对攻

在商务谈判过程中,可以采取以进攻对抗进攻的方式,而不是一味采取防守的形式。如果对方逼迫自己进行让步的时候,可以将这个问题和其他问题统一考虑,让对方在其他问题上做出进一步的让步。比如买方想要降低价格,那么卖方就可以迫使对方增加订单或者使交货期限延长。在这种情况下,要么双方都不退让,要么双方都退让。

七、讨价还价的关键问题

讨价还价是商务谈判最重要的环节,也是耗费时间最长的环节,在此阶段的关键问题包括:①让步速度不要快;②避免相互攻击,激烈争吵;③不要轻易放弃原来立场,做出原则性让步;④要有耐心,避免焦躁不安;⑤不将己方的时间表透露给对方。

第四节 成交阶段的策略

在谈判各环节的相继推动下,交易条件在参与谈判各方可接受的范围内,并且原则上已全部达成协议,在成交阶段,双方都会想要结束此轮商务谈判,那么在这个阶段谈判双方可以达成最终的交易条件。在这个阶段双方要使协议尽可能达成,争取自己应得的利益。

成交阶段可采取的策略包括以下几方面。

一、发出成交信号

商务谈判实践中通常会有这样的情况,一场谈判旷日持久但却进展甚微,然而由于一方谈判者发出谈判结束的信号,很多原本很艰难的问题一下子得到迅速解决。发出成交信号的一方主要是试图表明己方对谈判进展的态度；推动对方不要在小问题上拘泥短见，纠缠不休；并设法使对方行动起来，达成一个妥协。因此，向对方发出成交信号在很大程度上是一种掌握火候的艺术。成交信号通常有语言信号和非语言信号之分。

(1) 语言信号。语言信号一般包括六种形式：①谈判者用最少的言辞阐明己方的立场，表述简明、坚定、直露，不再委婉、含蓄和飘忽不定，而且谈话中表达出一定的承诺意思。②谈判者在阐明自己的立场时，完全是一种最后的决定的语调，语气坚定。③谈判者所提出的建议是完整的，绝对没有遗漏或不明确之处。这表示如果他的建议不被接受，只好终止谈判，没有别的出路。④回答对方的问题尽可能简单，并且通常只是作肯定答复或否定答复，使用短语，很少谈论据，不解释理由，表明确实没有折中的余地。⑤开始打听交货时间或使用、保养问题，询问价格优惠条件，对小问题提出具体要求，用假定口吻谈及购买等。⑥一再向对方保证现在结束对对方最有利，并告诉对方一些好的理由。这些语言信号的出现，均表明谈判者的最后态度，或暗示谈判者在考虑准备与对方达成交易。

(2) 非语言信号。非语言信号主要包括三种：①动作信号。成交前的动作信号主要包括：坐直身体，双臂交叉，文件放在一边；从静静地听转为动手操作产品，仔细触摸产品；多次翻看产品说明书，甚至按照说明书的指示与实物一一对照；身体由前倾转为后仰。②表情信号。成交前的表情信号主要包括：谈判人员在听的过程中，眼睛发光，精神振奋；面部表情由紧张转为松弛，略带笑意；情感由冷漠、怀疑、深沉变为自然、随和、亲切。这些微妙的表情变化，都预示着该方谈判人员已进入准备成交阶段。③事态信号。成交前的事态信号主要包括：提出更换谈判环境与地点；向对方介绍有关参与决策过程的其他人员；主动提出安排对方人员的食宿；主要领导人或决策人出场等。

二、最终的让步

虽然一方或双方都发出了签约意向的信号，但讨价还价阶段可能还遗留了一两个有分歧的问题,需要通过最后的让步才能取得一致。最后的让步需注意以下几个问题。

(1) 掌握好让步幅度的大小。最后让步幅度的大小,必须足以使该让步成为预示成交的标志。在决定最后让步的幅度时,一个主要因素是看对方接受这一让步的人在对方组织中的地位。合适的让步幅度是,让步幅度比较大,并且大到刚好满足较高职位的人维持其地位和尊严的需要。

(2) 掌握好让步的时间。让步的时间不要过早,否则会被认为是前一阶段讨价还价的结果,而不是为达成协议而做出的终局性的最后让步,对方会希望再得到些好处。让步的时间也不能太晚,否则会削弱对对方的影响和刺激作用。为选好时机,最好把最后的让步分成两步走,主要部分在最后期限之前提出,这样可以给对方留一定时间来回顾和考虑;次要让步作为最后的好处,安排在最后时刻提出。

(3) 让步与要求并提。除非己方的让步是全面接受对方现实的要求,否则必须让对方知道,己方所做出的最后让步也期望对方予以响应,做出相应的回报。

三、整理谈判记录

整理谈判记录是非常重要的一项内容,在每一轮谈判之后都要写成短小精悍的报告或是会议记录,及时与谈判对方进行沟通,这样可以使协议顺利进行。在谈判过程当中,谈判双方都要争取自己来记录。在最后成交阶段将其整理成各种记录,使双方都能够确定记录正确无疑,而所记载的内容就是起草书面合同的最关键根据。在商务谈判的过程当中,尤其是一些时间长、耗费精力的大型谈判当中,每一个问题都要双方记录,在双方查证一致的基础上,保证整个协议不会出现混乱推诿的状况。

四、回顾总结

在签约之前,要进行适当的回顾。其中包括要明确所谈判的内容、未解决的问题等。如果有没有解决的问题，那么就要对这些问题进行再次处理，使所有的交易条件都能够符合谈判记录，明确谈判结果是否满足双方的利益要求，着手安排签约事宜。

第五节　合同的签订及变更的策略

商务谈判不仅是一个讨价还价、互相让步的过程，而且谈判的结果要以书面合同的方式表现出来。合同的签订、履行以及争议的解决和处理都是成功谈判的后续部分。

一、合同的形式分类

贸易合同是确保贸易双方权益的一种书面文件，即在双方互利、自愿、平等的基础上，经过多次协商在保证符合法律的前提下明确双方的权利和义务。在签订合同之前，先要有草拟合同，在草拟合同阶段要反复检查不能疏忽口头承诺。在正式签字之前要检查协议当中的品质、要求、价格、收货方式、条件等多方面内容，不得疏漏。当交易双方意见协商一致时，合同便告成立。

我国合同法规定，涉外经济贸易合同应采取书面形式。所以，我国的各类公司和个人同外商订立的买卖合同必须采用书面形式。根据国际惯例，目前国际贸易中普遍采用的电报、电传、传真等方式也都被认为是书面形式。书面合同的好处是，可以在双方发生争议时起证明作用。

常见的正式书面合同一般采用两种形式：①正式合同，也称全式合同，一般有印好的固定格式，条款较多，内容全面、完整，并且对交易双方的权利、义务以及出现争议后的解决方式都有明确的规定，买卖双方只要按谈好的交易条件逐项填写，经双方签署后即可。正式合同的正本一般一式两份，签署后双方各保留一份，作为履约和处理争议的依据。②成交确认书，也称简式合同，如销售确认书或订单,涵盖的内容比较简单。通过函电或口头谈判的交易成交后,双方可寄交给对方确认书,列明达成交易的条件,作为书面证明。

二、合同签订的注意问题

(一) 合同主体能力的考察

合同主体能力问题是在法律上所赋予的资格问题。只有公司授权的代理人才有资格去签订贸易合同,代理人不能够超出公司所规定的范围之外。代理人代表公司签署协议也有履行承诺的权利。比如英国公司法在此问题上认为,公司行为不得超越职权,公司的签约能力也需要在章程的规定下进行,如果公司所订立的合同超出了所规定的范围之外,则属于越权行为,不接受法律的支持。又如,在有些国家,外贸经营权是特许的,没有外贸经营权的公司没有签订国际货物买卖合同的权利。在考察对方的签约能力之后,还要考察其履约能力,即考察对手的负债与实际资产的状况,如果资不抵债或负债率过高,将是一个危险的信号。

(二) 合同有效的条件

商务谈判成功的最终结果就是双方签订合同。依法订立的合同是受法律保护的,无效合同与可撤销合同则会导致谈判双方的合法权益得不到法律保护。了解合同的基本概念和各国法律中合同有效成立的要件,对于谈判人员来说非常必要。世界各国对合同的定义并不完全相同。我国民法通则规定:"合同是当事人之间设立、变更、终止民事关系的协议。依法成立的合同,受法律保护。"合同具有以下三个特征:①合同是双方的民事法律行为,不是单方的民事法律行为;②订立合同是为了产生某种民事法律上的效果;③合同约束的是合法行为,不是违法行为。英美法国家对合同所下的定义有所不同,强调合同的实质在于当事人所作的许诺,而不仅是达成协议的事实。尽管各国对合同的定义不完全相同,任何合同想要获得法律的支持,都要有一定的前提条件,每个国家对于合同有效的成立条件并不相同,统一来看都具备以下几项:①当事人应自愿达成协议。②可以通过承诺达成也可以约定俗成。③当事人要有签订合同的能力。④合同要合法。⑤合同的标的物、内容等要符合法律要求。

(三) 合同签字

1. 文件审核

如果在合同中，只出现了一种文字，那么就要审核协议的条款与文本是否一致。如果出现了两种文字，那么就要核对合同文本是否一致。核对的主要条款包括订货卡、项目批件、证明、许可证等，合同内容要和批件内容相符。对谈判中谈过而故意歪曲的问题，可明确指出。审核中发现的问题，要及时互相通告，通过再谈判，达到谅解一致，并相应调整签约时间。审核中应格外注意的问题有：①合同与谈判记录不吻合；②故意犯错误，如数字、日期和关键概念等；③合同文字含糊不清，模棱两可。

2. 签字确认

商务合同的签字，是对合同履行的保证，应慎重对待。有的国家的一些企业习惯在签约前让对方签约人出示授权书，授权书是签约人身份的证明文件。

三、合同的基本条款

当事人要根据合同的具体内容设定出具体的合同内容，我国的国际贸易合同包含以下几方面：①质量；②履行的地点方式和期限，主要包括交货方式、付款方式、结算方式、验收方式；③标的物既可以是货币也可以是出卖物，还可以是行为，比如说运输合同当中的劳务，还有可能是智力结果；④合同当事人的名称、姓名或者是住所；⑤违约责任；⑥发生争议时的解决办法；⑦数量问题；⑧报酬或者是价格。

国际贸易合同的基本条款比国内贸易合同更多，不仅包括价格、数量、质量、保险、检验、支付方式等，还包括索赔、仲裁、不可抗力情况发生时该如何应对。合同一经订立，便拥有法律上的效力。签订合同的双方都要严格按照合同的规定来实现自己的义务，并争取自己的权益，不管哪一方都不能解除合同，否则便属于违约行为，要承担相对应的法律结果，受到损害的一方可以依法要求获得赔偿。

四、合同的变更与解除

变更和解除合同也是一种商业行为，具有法律上的效益。在合同签订以后，如果双方没有履行合同，可以针对合同的部分内容增加或减除某些条款，使合同发生变化，那么便被称为合同的变更。如果是合同在履行之前或者是没有完成之前就终止合同就称为合同的解除。对合同进行变更或者解除要拥有以下条件之一：①不可抗力产生；②当事人双方全部同意；③宏观因素变动使合同履行失去条件；④无法继续履行合同；⑤无严重违约行为发生；⑥合同解除约定的解除条件出现。以上六条任何一条出现都会导致合同没有办法继续执行。

五、合同纠纷的处理方式

如果出现合同纠纷，可以采取以下几种处理办法。

(1) 协商处理。当争议产生之后，双方可以自由商定，在做出一定让步的基础上，找到双方都可以接受的方案，使事情能够顺利解决。协商处理的优点是不用第三方介入，气氛比较友好。此方式省事、省时、省钱、省力，所以被普遍采用。

(2) 调解处理。当合同产生纠纷之后，第三方进行介入调解。调解工作由第三方进行说服，使双方能够互相谅解，自愿让步，从而使合同能够继续执行下去。

(3) 仲裁。当发生纠纷的当事人不愿意达成协议时，需要介入仲裁，使他们之间的争议问题由仲裁机构来解决，仲裁的结果对双方当事人都有一定程度的约束力。仲裁具有行政和司法的双重性质。

(4) 诉讼处理纠纷。一方当事人到法院起诉另一方当事人有违规行为，并要求法院对其进行制约或者惩罚，法院的判决具有国家的强制力量。

第五章 商务谈判中的技巧分析

商务谈判是借助于谈判各方的信息交流完成的,而谈判中的信息传递与接收需要通过谈判者之间的各种交流方式完成。本章论述商务谈判的沟通技巧,探究处理谈判僵局和应对敌意性商务谈判的技巧,阐述网络商务谈判的相关技巧,并对商务谈判中的风险规避措施进行分析。

第一节 商务谈判沟通技巧

一、语言与非语言技巧

商务谈判技巧涉及多方面知识的运用,包括语言沟通技巧和非语言沟通技巧。语言沟通技巧包括叙述、提问、回答、拒绝、辩论和说服的技巧,非语言沟通技巧包括倾听和观察的技巧。这些技巧往往会成为谈判成功的关键因素。作为谈判人员,需要在谈判实践中不断提高自己各方面的技巧。

(一)商务谈判中的语言交流

1. 语言的特性

商务谈判中语言的特性主要有以下几点。

(1)客观性。客观是根据实际情况,对产品、服务、企业概况以及合作方式等做如实陈述,使双方了解,最终达成一致意见。卖方在介绍自己产品或企业时,要以客观事实为依据,对产品性能可以采取展示样品或电脑演示的方式,同时出示客户对产品的评价。不能漫天报价,支付方式的确定要符合双方要求。

第五章　商务谈判中的技巧分析

买方在对对方产品做出评价时,要本着实事求是的原则,不能过于夸张地显示自己的购买能力。讨价还价时要以事实为根据,不做无理要求。客观性是谈判的基础,为接下来顺利谈判提供条件,只有在客观性基础上,双方才能彼此产生良好印象,从而为以后合作打下基础。

(2) 逻辑性。逻辑性要求谈判中思维要清晰敏捷,并做出准确判断,对概念描述要确切到位,推理要严谨,要在客观性和历史性的基础上以理服人。谈判前可以根据需要,收集相关资料并对其进行分析整理,然后在谈判时,通过具有逻辑性的语言表达出来,让对方理解和接受。

在双方相互交流的过程中,无论是提出问题,还是发表意见,均要求嗓音清晰、语言具有逻辑性,只要将内容清晰无误地传达给对方,能够说服对方即可。逻辑性是语言的基础,只有具有逻辑性,才能减少歧义,增进理解。回答问题要切题、准确;试图说服对方时,要使语言充满强烈的感染力,真正打动对方,使对方心悦诚服。

(3) 针对性。针对性是指谈判要始终围绕主题,有的放矢。不同的谈判内容和场合需要使用不同的语言。由于谈判对手的谈判风格、性格、文化程度、知识水平、接受能力不同,也应使用不同的语言。根据对方要求有目的性地使用语言,可以阐述产品的质量和性能,也可以说明企业的目前状况,或报价的合理性等。

(4) 规范性。规范性是指商务谈判中用语要文明、严谨和准确。要求做到以下四。①谈判语言要文明,符合职业道德规范,尤其是国际商务谈判,是展示谈判人员素质与修养的场所,而粗鲁的语言只能自降身份。另外,要避免使用意识形态分歧大的语言。②谈判语言要讲究艺术,不要出现语句不连贯、声音微弱、大声吼叫以及意气用事等情况。③谈判用语应当标准化,能让双方人员听懂,不要使用方言和俚语、俗语等。④用语要恰当而准确,尤其在谈到价格时更要注意语言的准确性。

谈判是一个复杂的过程,有时因为一句不合时宜的话而使谈判走向破裂也是经常发生的事。所以在发言前必须思考周密思考,谨慎用语。

(5) 技巧性。日常生活中,具有幽默感的人几乎毫无例外地受到欢迎,在谈判桌上也一样，语言幽默诙谐能引起听众的强烈共鸣。在谈判中，幽默具有特殊的意义和功效。谈判中常常发生这种情况，当谈判进入争论阶段，双方人员情绪高涨甚至要剑拔弩张，此时一句充满幽默的玩笑可以使气氛骤然缓和，从而使谈判顺利进行。

2. 语言的作用

语言是人们进行沟通交流工具，同时又是一门博大精深的艺术，谈判用语尤其如此。语言在商务谈判中具有重要作用，主要表现在以下几方面。

(1) 巧妙地运用语言艺术可以使谈判能够顺利进行。在谈判中同样的意思表达，如果使用适当的语言艺术能引起对方兴趣，从而有利于谈判。如果词不达意，只会让人反感。有时，遇到难以说服的对手，巧妙地运用语言艺术，可以让对方逐渐认同己方观点。善于引导对方打开话题，是每个谈判人员尤其是主谈者必备的素质。谈判人员必须认识到这一点，并进行必要的语言运用艺术的训练。

(2) 运用恰当的语言艺术可以有效实施谈判策略。语言艺术配以合适的策略，能够使谈判更容易达成既定目标。在黑白脸运用策略上，通过白脸的有理有据、强硬的态度以及不达目的不罢休的姿态，形成对对方的威慑感。此时，语言艺术特别重要，强硬的姿态并不是霸道无理，有时平缓而稳重的语气和恰当的用语比不讲道理更具有说服力。因此，语言艺术可以为谈判策略的有效实施提供支持。

(3) 语言艺术是表述自己观点的有效工具。通过运用语言艺术，可以把谈判者经过一定逻辑推理和思维所要表达的结果充分展示出来。相同的意思表达，通过运用不同的语言手法，所起到的作用也不一样。

(4) 良好的语言艺术是谈判人际关系的润滑剂。谈判双方人际关系可以通过良好地运用语言艺术建立起来。谈判中使用语言是为了最终达成合作协议，而当使用语言艺术所表达的期望与对方的目标能够达成一致时，能够顺利发展双方之间的人际关系。如果使用不合时宜的语言表述自己的愿望，很可能出现和对方相反的结果，也有可能导致冲突。这样，双方刚刚建立的友谊有可能面临危机，甚至产生大家都不愿意看到谈判破裂的局面。

3. 语言的运用

在商务谈判中，语言的运用是否恰当，直接关系到能否在谈判中取得主动权和达到既定的谈判目标。因此，谈判人员应注重谈判语言的运用。要想在谈判中正确地使用语言，应该注意以下几点。

(1) 说话要简洁、准确、明晰。说话简洁，要求做到在谈判中不说多余的话，用尽可能少的句子表达更多的意思，用最简练的语言表达丰富的内容，做到说话干脆利落，对准谈判目标，不要节外生枝。同时，还要努力做到咬字吐词准确流畅，语言纯正，口齿伶俐，不要出现语言含糊不清、逻辑错乱和结结巴巴等现象。此外，语言的使用要尽可能地准确，不能歧义、多义，模棱两可，捉摸不定。

(2) 学会采用试探性发问。在谈判达成协议之前，如果采用试探性的发问方式，可以使自己获得更多的、更有价值的信息资料，引导出新的选择途径，加强谈判的实力。

(3) 发言要有的放矢。发言的目的必须明确，要有针对性，事先要明确发言所要达到的目标。在针对实质性问题做有意义的发言之前，必须做到心中有数。掌握对方的情况，发言就能处在较有利的地位。

(4) 善于有效提问。在谈判过程中，有效地向对方提出各种各样的问题，可以启发心智，以诚相见，引导和刺激对方不断进行思考，更加积极地参加谈判，共同努力以达到对双方都有利的目标。所提出的问题要经过充分准备和考虑，提问语气要温和客气，以礼相待。要有意地提出对方可能回避的问题和已经知道答案的问题，从中得到启发，以便了解对方是否有诚意。

(5) 对方提出的问题要谨慎回答。当买方提出"如果"等假设性问题时，一定要先仔细考虑然后再给予回答。一是不要对这种引诱性问题做解释，二是遇到这类问题要向对方提出反问，从而有可能获得交易机会，从而更好地促成交易。

(二) 商务谈判中的非语言交流

人的感情表达由三方面组成：55%的体态、38%的声调以及7%的语气词。在商务谈判过程中，很多信息是通过双方之间的非语言动作进行表示的。因此，非语言沟通方式在商务谈判中起到重要作用。这也是口头谈判与书面谈判予以区分的重要标志。

非语言沟通方式是指用诸如面部表情和身体姿势等加强或否认语言沟通的效果。在谈判情况下使用非语言进行沟通交流，可以起到两种作用：①通过对肢体语言进行调整、控制并和口头语言进行搭配给对方特定含义的信息，以完成谈判沟通任务。②分析对方传递的肢体动作，有利于理解对方的真实情感意愿，从而在谈判中处于有利地位，争取理想的谈判结果。要完成这两个方面的任务，就需要对非语言沟通的特点有所认识和了解。概括起来，非语言沟通具有以下特点。

(1) 直观性。在语言交流中，口头语言作用于人的听觉器官，并不具有视觉的可感性，而肢体语言则能给人以更形象直观的感觉。例如，商务谈判中，被对方注视而显得很放松，甚至随意表示对谈判比较冷漠。如果双臂交叉抱在胸前并低头不关注身边人，则意味着对谈判不适应。如果不时整理上衣、领口等小动作则表示心中有事，心思不在谈判上。透过以上种种形体动作，可直观地感受到对方的态度和心境。

(2) 广泛性。肢体语言表现的范围十分广泛，从人的喜、怒、哀、乐到惊、恐、静、急，几乎无所不包。在谈判交往和传情达意方面，人在很大程度上要依靠肢体语言，比如面部表情的兴奋或悲哀。

(3) 准确性。人们对于声音和书面语言信息的反应，一般是按常规进行的。当事人可以事先或有意掩饰，这往往容易给人留下虚伪的印象。比较之下，肢体语言大多是在无意识状态中发出的，因而所传递的信息就较为准确、可靠。任何人都无法隐藏私情，因为会被自身的肢体动作出卖。例如，对方说毫不介意，而表情上却流露出局促不安；对方表示要请吃饭，却以肢体语言表达要送客；当向对方提出条件时，得到的回应是愿意考虑建议，而动作却是双臂交叉于胸前，其真实的内心想法已暴露无遗。由此可见，人们不仅可以借助肢体语言辨认出口头语言所未能表达的态度与意向，还可以用来验证言辞信息的真伪。

(4) 依赖性。依赖性是指某种表情与动作在不同的情况下会有不同的含义。比如，同是瞪眼，就有可能表示愤怒、好奇、吃惊、仇恨、无奈等。如果离开一定的语境和口头语言的综合，就有可能对肢体语言表达者的真实含义产生误解。所以，肢体语言又有依附于语境和口头语言的特点。

(5) 差异性。由于民族文化习惯之间的差异，人们在对同一情感和同一肢体语言的表达和理解上存在着很大的差别。例如，同是见面打招呼，中国人是双方握手或点头以示问好；欧美人是以拥抱和亲吻的方式进行；日本和韩国盛行鞠躬；东南亚佛教国家则以双手合十表示。大多数国家和民族以点头表示赞成、同意，以摇头表示反对、不同意；而保加利亚人、尼泊尔人、某些非洲部落却相反。阿拉伯人认为相互推挤的动作表示有福同享，阿拉伯人喜欢触碰他的同伴，甚至去抚摸和闻嗅对方以示亲切；而英国人则重视双方保持严格的空间距离。总之，肢体语言在各国家、地区和不同民族的运用中差异很大，必须认真对待，以免引起误会。

二、叙述与提问技巧

(一) 商务谈判中叙述的技巧

叙述是双方对所谈主题发表看法，表明观点的行为，或针对谈判对手的观点提出其中不合理的成分，并分析合作的机会以及不利因素，指明双方经由合作可以获得的各种利益等。在商务谈判中，叙述是一种不受对方所提问题的方向、范围制约，带有主动性的阐述，是一种重要的交流和沟通方式。参与谈判各方在这个过程中交流信息，让对方明白己方的意图，尽最大努力确保交易达成。所以，谈判中的叙述是非常重要的，正确而有效地利用这一功能，可以在谈判中占得先机，达成双方都满意的谈判效果。

1. 叙述的形式

商务谈判中叙述的形式主要包括以下几种。

(1) 循序渐进式。这种叙述方式是按照事物发展的客观规律和顺序展开叙述。叙述者既可以按时间顺序，从前往后叙述；也可以按空间顺序，从上到下、从里往外叙述。这种叙述方式的条理性较强，容易让对方理解和接受，是商务谈判中最常用的叙述方式。初入谈判队伍的新手,由于经验欠缺,基本都采用这种方式叙述。

(2) 精练式。精练式叙述是指把叙述的内容进行加工提炼后,总结成简短的字句,高度概括地把自己想表达的思想说出来,以强化己方表达方式的效果,给对方留下深刻印象的一种叙述方式。这种方法能令听者耳目一新,增加其好奇心,提高其注意力,并容易记忆,是一种效果颇佳的叙述方式。这种叙述方式对谈判前的准备工作要求较高,对主谈人的语言表达能力和经验也有较高的要求。

(3) 情境式。情境式叙述是指主谈人通过自己的叙述,将听者的思维带到事先设置好的特殊情境中,从而让其产生特殊的感觉和印象。这就像是好的演员能很快把观众的情绪带到特定的场景中,对剧中人物的言行产生强烈的共鸣。这种方法要求主谈人有较强的语言表达能力和感染力。

(4) 对比式。这种叙述方式是通过对具有可比性的事物进行比较,并进行分析叙述,这种方式更有说服力,更能强调自己的观点和商品优势,从而吸引对方注意力,给其留下深刻印象。这种叙述方式要求主谈人对所对比的相关事物有深刻的了解,对主谈人经验的要求也较高。

2. 谈判入题的叙述技巧

双方刚步入会场时,心中难免忐忑和拘束,特别是第一次见面,互相不熟悉,尚有陌生感,很容易产生紧张心理。合适的入题技巧可以有效抑制心理紧张,将兴趣吸引到谈判主题上来,从而轻松地进入会谈。有效利用这一技巧可以避免谈判中过激的言行,一般有两种入题方法。

(1) 直接入题。用开门见山的方法入题,就是直接谈与正题有关的内容。直接入题的方法主要有以下两种。

1) 从一般性原则谈起,然后再对具体细节展开讨论。对于规模较大的国际商务谈判,有很多需要谈判的事项,双方高层不可能事无巨细地深入每一个具体问题,而只能确定基本原则,然后由谈判人员针对每个问题详细会谈。在确定基本框架后,具体内容就有了方向。

2) 确定会谈主题。通常较大规模的国际商务会谈,不可能一次性完成,而是由较多小型会谈组成。每个小型会谈都会围绕一个主题展开谈判。这样有目的性地分开谈判，有利于提高效率，从而达成总体协议。

(2) 迂回入题。有时直接入题显得过于直白，不利于形成融洽的会谈气氛，而采用迂回入题的方式，避免这种尴尬情况的出现。迂回入题的方法主要有以下几种。

1) 从客套话入题。如果谈判的一方为主座谈判，另一方为客座谈判，双方可以客气地表达对对方的尊重，如主谈方可以说照顾不周，希望理解。而客谈方可以说需要向对方学习等客套的话语，并希望以此为机会，多向对方学习。

2) 从介绍己方谈判人员入题。这也是谈判开始的常用做法。通过向对方介绍自己谈判队伍，一方面可以展示自己谈判阵容，同时也可以使绷紧的神经有所放松。在介绍谈判队伍构成人员时，可以有重点地突出高学历、有实力的人员。

3) 从介绍己方的生产、经营、财务状况等入题。为得到对方认可，谈判时可以将己方公司的基本概括向对方做简要介绍，并出示一些基本资料，用以证明公司的实力和信誉。这样，既可以得到对方信任，同时也向对方展示了自己的坦诚。

4) 从题外话入题。谈判可用的题外话题十分丰富，包括天气、旅途情况、社会新闻、轶闻趣事等，这是一种简单、有效的入题技巧。例如，可以谈关于气候的话题；可以谈有关旅游和旅行的话题；还可以谈有关新闻、艺术、社会名人等话题。从题外话入题，易于形成轻松愉快的氛围，有利于融洽谈判气氛。

3. **谈判结束的叙述技巧**

国际商务谈判中的结束语处于特殊地位，起着概括总结和压轴的作用。恰当的结束语有利于引起对方深思，同时对对方最终表态起到引领方向的作用。如果所述问题比较复杂或存在逻辑性强的情况应进行再归纳总结。通常会谈结束的语言要切中主题而又富于启示意义，同时还要为以后的合作留有空间，避免出现一次性言论现象。所以，会谈最后的结束语形式既有公式化的，也有切近主题总结性的，没有统一标准。

4. **叙述的关键要点**

在商务谈判中，叙述的关键要点主要体现在以下几方面。

(1) 注意叙述的准确性。叙述中尽量使用客观的、中性的、礼貌的语言，除了因谋略的需要而有意为之以外，尽量避免偏激的个人情绪和感情色彩。如果对所谈的问题不甚了解，就推迟叙述，切莫信口开河；否则，将会极大地影响己方声誉，削弱己方谈判地位。

(2) 简明扼要。谈判人员在陈述己方立场、观点时应简明扼要，切忌单调、烦琐和发表长篇言论，这样容易让对方感觉没有发言机会，因而产生反感情绪。同时，由于信息量较大一时难以辨清，无法发表意见，有时还会出现谈判气氛紧张的情况。谈判人员在描述自己观点时要简洁明了，可以分步提出自己主张，让对方有思考余地。

在提出自己意见的同时，要辅以相应依据，这样更容易让人相信。描述问题时尽量用语简短且抓住主题，从而引起对方注意力，有利于对方强化对内容的理解，从而达成一致意见。有助于谈判向纵深发展，从而提高谈判效率。另外，谈判人员不要随意发表与主题无关的意见，如果叙述时随意跑题，在正式谈判场合会显得非常不得体，而且对方会反感。

(3) 口齿清楚，语言通俗。主谈人要尽量使用对方听得懂的语言表达自己的意思。如果必须使用专业语言，要对此解释清晰；如果自己对专业不是很精通，那么就简单地说几句。叙述的时候如涉及关键的文字或数字，一次就要说准确，尽量不使用"前后""左右""大概""差不多"等词语。

(4) 注意头尾。根据行为学和心理学中的首因效应和近因效应理论，在进行社会知觉的整个过程中，对象最初和最后留给人的印象是最为深刻的。首因效应是指最初给人产生深刻印象，并且这种印象先入为主，影响以后对其产生的印象。这就是每个人都重视给人的第一印象的原因。近因效应是指在人的感知过程中总是以最后的印象更为深刻，影响着后来的印象。首因效应和近因效应起作用的条件并不一样。

一般情况下，在感知陌生人时，首因效应作用更大一些；而在感知熟悉的人时，近因效应作用更大一些。在洽谈过程中，既要避免两种效应带来的负面影响，也要积极发挥它们的协同作用。在向对方叙述时，首先要用几句话扼要地说明自己所要表达的主要观点,使其能产生首因效应,加深其印象,在结束叙述之前再把所谈问题加以总结和归纳,把问题的要点再重复一下,产生近因效应,向对方表明己方的观点是前后一致的。

(5) 词语的语音和语调表达出的含义也不一样。这种情况展示了说话者不同的情感。例如,"你好"若以平常的语调讲,是一句问候语;若把重音放在第一个字或第二个字上,则表达的含义就大不相同了;若高声而拖长音调地说出来、则表达说话者的傲慢。

交谈过程中,可以根据对方语音和语调的变化表达自己的情感,同时也可以判断对方内在情绪的变化。谈判者声音的高低变化,也是影响表达效果的重要因素之一。声音过高会让人感觉不舒服,而声音过低过弱又会使对方感觉情绪不够振奋。因此,应当合理控制声音的强弱,做到有高有低、抑扬顿挫。

(二) 商务谈判中提问的技巧

商务谈判中的提问是了解对方的想法和意图、掌握更多信息的重要手段和有效途径。一般情况下,通过有效的提问,可以引起对方的注意,使对方对提出的问题予以重视;搜集对方的信息,发现对方的需要,以便对症下药;调动对方的积极性,争取谈判的主动权;为对方的思考和回答规定方向,进而有助于控制谈判的方向,使话题趋向结论。另外,提问还有证实和测定的作用。因此,谈判者应充分了解提问的类型,掌握提问的时机、要领与忌讳,灵活、艺术地运用提问的技巧。

1. 提问的形式

在商务谈判中,运用比较多的提问形式有以下几种。

(1) 选择式提问。选择式提问是就两种或多种答案征询对方意见,让对方在划定的范围内进行选择。这种提问方式能表达对对方的尊重,有助于形成平等、友好的谈判氛围。使用这种提问方式时,语气要委婉,会给人留下比较好的印象。

(2) 探索式提问。这种提问方式是对对方回复的延伸,是发现新问题、探求新思路的一种方式。这样做既充分挖掘了问题本质,也是对发问者所提问题的答复和对其本人的尊重。

(3) 协商式提问。使用这种提问方式的目的，是让对方同意自己的建议，因此要采取平和的语气，这样更容易让对方感觉己方的诚意，从而比较愉快地接受自己的条件，有利于保持合作关系。

(4) 封闭式提问。这种提问方式是在限定的范围内给出回答。封闭式提问通常可使发问者获得特定的信息资料，即"是"或"否"的决定。对答复这种问句的人来说，回答要直接不必拖泥带水。但是由于范围的限定会给对方带来一定压力，甚至是威胁感，易引起对方不满情绪。

(5) 澄清式提问。这种提问方式实质是直接提出问题，目的是让对方再次确定自己的立场和观点。它的优点是能够简洁明快地回答对方的问题，目标明确节约时间。通常用于比较重要的问题再次确认对方意见，而对方又有义务与责任提供时。

(6) 多层次提问。这种提问方式针对内容复杂、主题较多的情况而使用。如对施工现场多种情况的提问包含多个主题，这样容易让对方难以全面把握，其回答也不够完整。所以，提出问题要有针对性并且每次只涉及一个主题。这样才能提高沟通效率，也可以根据实际情况灵活使用。

(7) 借助式提问。这种提问方式是通过第三方的意见而施加影响。第三方需要在该领域具有一定影响力，这样才能对谈判对手产生积极的影响。如果所借助的人是对方不熟悉或不敬重的人，那么很可能引起对方的反感。

2. 提问时机的掌握

(1) 利用对方发言间歇时间提出问题。一旦发现对方发言漫无目的、偏离主题或是过于刨根问底，可以使用这种提问方式。这样做可以纠正谈判方向，使谈判顺利进行，是获得谈判主动权的有效措施。

(2) 在对方发言结束时提出问题。一般在对方发言时，不宜贸然提出问题，容易给人留下没有礼貌的印象，也易招致对方反感。如果发现对方讲话时有不一致的观点可以先记录下来，待其发言结束时提出问题，也是一种礼貌的表现。这样做既尊重对方的观点，同时也在一定程度上表现出己方人员的素质与修养。

(3) 利用自己发言的机会提出问题。在自己发言前可以采取自问自答的方式总结性地概括对方的发言，这样有利于获得主动权从而影响对方的心理活动。在表述完己方观点后可以向对方发出提问，以确认对方是否明白己方观点。此外要选择合适的时机提出简单的象征性问题待对方进行确认，如在对方情绪比较好，频频点头表示认可时。

(4) 在会议确定的时间内提出问题。一般较大规模的国际商务谈判都有会议议程，在规定的时间里做相应的事情。会议开始时先介绍双方团队以及观点，在规定的辩论时间内进行自由提问和展开辩论。此时一定多做准备，针对对方关心的问题进行模拟问答，同时在谈判过程中要注意总结对方观点，然后据此进行相应的反驳和支持。

3. 提问的关键要点

在商务谈判的提问环节中，应注意以下几方面关键要点。

(1) 提出问题要有所准备。谈判前要对所有关心的问题列出明细，如果对方没有提及，可以及时根据明细提出疑问。切忌偏离主题让人误解。提出的问题最好是在对方还没有仔细考虑的情况下，这样可以知道对方真实的想法。同时，针对对方的反问要事先有所准备，不要显得慌乱而无所适从。一般有经验的谈判人员先提出简单容易解答的问题，以便为以后提出重要而复杂的问题埋下伏笔。

(2) 不抢着提问。应当等对方表述完毕之后再提问，不要中途打断对方的话而提出问题，因为对方接下来要说的也许就是己方想了解的。

(3) 不强行追问。如果发现对方的回答避重就轻，甚至不愿回答，此时不宜强行追问，要保持耐心有机会再提出该问题。因为一味地追问，易让人反感，即使勉强回答也是敷衍了事。

(4) 提问要简短有力。提出问题以简洁为好，而回答则越详细越好。因此，谈判人员应该用尽量少的字句将问题表述清楚，避免询问的话语较多，令对方不思其解。

(5) 提出问题的语速要适宜。语速过快有时让人难以听懂，让对方感觉是在宣泄情绪，以招致反感。如果话语太慢容易让对方感觉沉闷，产生急躁情绪。

(6) 提出问题后闭口不言，等待对方回答。谈判人员在提问之后，应闭口不言，以平和的眼神看着对方，身体略微前倾，表示愿意听到问题的答案，此时对方有责任做出回答。

(7) 避免提出阻碍对方让步的问题。提问的最终目的是达到己方的谈判目标，因此所提的问题以及针对该问题的回答应对己方有利，即迫使对方让步，并阻止对方进攻。如果问题的答案对对方有利，或者会阻止对方让步，则应换一种对己方有利的方式提问。

4．提问的禁忌

在商务谈判中，提问的目的是要求对方做出回答，通过对方的回答获取信息。但是，并非任何问题都可以向对方提出来。谈判中一般不应提出下列问题。

(1) 当面指责对方产品质量和企业信誉。在公开场合对别人进行指责是不礼貌的，这样只会让人徒增反感，影响相互之间的合作关系。谈判人员可以先调查了解对方产品的品质，以及对方的声誉，必要时可以把己方掌握的信息陈述给对方听，但是绝对不要直接指责对方。

(2) 带有敌意的问题。谈判成功能给谈判各方均带来利益，因此参与谈判各方是一种共赢的关系。谈判人员应抱着合作的态度参与谈判，而不是敌对心理。因此，在提出问题时，要考虑由此产生的后果，如果带着敌意谈判会影响各方情绪，从而影响协议的达成。

(3) 有关对方个人生活、工作的问题。世界上很多国家和地区的人都很注重保守个人隐私，国际商务谈判中应回避询问个人生活和工作方面的问题。例如，对于对方的收入、家庭情况、年龄、婚姻状况等问题，都不应询问。

三、回答与拒绝技巧

(一) 商务谈判中回答的技巧

商务谈判中有提问，必然也有回答。问有问的艺术，答有答的技巧。回答是否恰当，直接关系到谈判的成败。因此，谈判人员水平的高低，在很大程度上取决于其回答问题的水平。在某种程度上，答比问更重要。商务谈判中的回答，是

第五章　商务谈判中的技巧分析

一个证明解释、反驳或推出己方观点的过程。为了能够有效地回答好每个问题，谈判前应预想谈判对手可能提出的问题，事先作好准备。

在应答过程中，如果把握不当，容易出现两种不利局面：①对方认为回答没有诚意，不相信。②一旦回答自己处于被动位置。通常要正面、如实回答对方提出的问题。但有时对方会提出很多问题，有些很刁钻，此时选择正面回答并不一定是适宜的。因此，对于对方提出的问题应考虑周全，不可意气用事，要在了解对方真实想法的基础上，根据情况做出相应策略。

1. 回答的方式

回答方式可以分为根据提问者的意图回答、缩小问题范围的回答、扩大提问范围的回答、迫使问话人中止追问的问答、不确切的回答以及不正面的回答等。

(1) 依提问者的真实意图回答。一般情况下，谈判者在提问时总有着一定的意图和目的。但是，提问者有时可能有意识地含糊其辞，让回答者判断失误，回答时出现疏漏。因此，回答者在回答之前，必须摸清对方意图，不可自以为是，想当然地回答。如果谈判中没有搞清楚对方的真实意图而贸然回答，就会使谈判陷入尴尬境地，甚至不欢而散。

(2) 将提问的范围缩小后回答。将提问的范围缩小后回答就是将问话的范围故意缩小的回答。例如，某商场和一家塑料制品厂进行商品买卖谈判时，商场谈判人员询问："贵方产品质量如何？"假设塑料制品厂的塑料制品在耐腐蚀、耐酸碱和硬度等几个指标上非常突出，而在耐高温指标上相对较弱。制品厂的谈判人员可以有意识地缩小对方所说"质量"这个概念的外延，只对突出的指标——耐腐蚀、耐酸碱和硬度进行详细的回答，给对方造成产品质量好的印象。

(3) 将问题扩大范围后再回答。在洽谈过程中，针对对方的问题如实回答不利于己方形象，可以将其拔高一个层次再进行回答，这样可以回避一时难以应对的问题。

(4) 使问话人中止追问的回答。即在商务谈判中，对于棘手的问题，回答者想使问话者不要继续追问而采用的回答技巧。如果无法立刻回答对方，可以寻找借口，有意推托；对于那些在谈判中难以回答或不想回答的问题，可以反客为主，以问代答。

(5) 不确切回答。不确切回答是指用留有余地的答复方法回答那些若明确回答则会陷己方于不利的问题。在商务谈判中，有些回答可以模棱两可，富有弹性。

(6) 不正面回答。是对问题回答充满外交辞令，模棱两可。避开实质性核心问题，改变问题角度，从而使对方无法得到满意的答案。

2. 回答技巧的掌握

(1) 回答之前给自己留有思考时间。商务谈判中的回答不同于日常生活中的回答，不必急于回答，在经过慎重考虑后才进行回答。在谈判之前，谈判人员应预想对方最可能问的问题并作好准备，对一些常规性的问题也要想好答案。在谈判中，每次回答对方的问题时，都必须冷静思考、谨慎应对。如果对方急于寻求回答，也不能仓促给出答案。可以通过调整坐姿、喝水、翻阅资料等动作拖延时间，待仔细考虑后再做出回答。这样既不失大雅也有了思考时间。

(2) 以反问代替回答。以反问代替回答是针对不愿回答或一时无法明确答复的问题的方法。这种回答方式是提问者重新提出问题，让对方再做细致反思。

(3) 不彻底回答。不彻底回答是指回答时有意将对方的问题缩小，仅仅对其中一部分给出答案。在洽谈过程中，回答对方问题的过程也是让对方了解己方观点和意见的过程。应该让对方知道的问题要做详细回答，而有些回答可能损害己方形象，谈判人员可以采取不彻底回答的方法。如在对方询问产品价格的时候，一旦如实回答，如果高价可能会吓退对方，而且在接下来的谈判中，己方可能会因此处于被动地位。

(4) 不懂的问题不回答。洽谈过程中有时会遇到自己不明白的问题，这时不要碍于脸面而随意回答。不懂装懂，勉强回答，很可能会损害己方的利益。

(5) 有意避正答偏。洽谈过程中，有些问题不能正面明确给出答案，但也不能直截了当地予以拒绝，这时避正答偏是最好的回答方法。有时遇到一些有损己方利益的问题，采用规避实质而把话题引向另一个方向，是一种很好的办法。

(6) 灵活运用重申和打岔。洽谈过程中可以让对方再次复述问题也就是重申的方法，让对方将刚才的提问再次阐明，这种方法实际上是为了拖延时间，为仔细考虑问题赢得时间。当然,这种心理不应让对手察觉,以防其加大进攻的力度。打岔也是给己方争取思考时间的好方法。在有谈判经验的团队中,有些谈判人员估计谈判中会碰到某些一时难以回答的问题,为了赢得更多的时间,就以特定的眼神、手势等暗语通知本方内部人员出来打岔。打岔的方式多种多样,比如借口外面有电话、有某紧急的文件需要某谈判人员出去签字等。如果谈判人员无人协助,可以借口去洗手间或打电话拖延时间,给自己留出思考问题的时间。

(7) 沉默不答。在商务谈判中,适当地运用沉默,也能起到很好的效果。在讲话之中有意安排短暂的沉默,能引起听者的注意。在谈判对手提问之后的沉默,可以表示己方正在沉思,还没有明确的结论。沉默是一种较量,也是一种回答。适度运用沉默,既可引起对方的注意与反思,又可为己方赢得思考时间,争取谈判的主动权。从回答者的角度看,可以适当地运用沉默;从提问者的角度看,对于对方的沉默一定要有耐心,在没有弄清对方沉默的含义之前不要谈得更多。谈判中的沉默往往是一种较量,谁忍耐不住沉默谁就有可能输掉。所以,谈判人员一方面要适度地运用沉默,另一方面对待沉默要有足够的耐心。

(二) 商务谈判中拒绝的技巧

商务谈判中,对某个问题谈不拢而出现拒绝的情况是经常发生的。但拒绝也要讲究艺术,强硬地拒绝对方有伤对方自尊,商务人员学习一些谈判技巧是必要的。

1. 拒绝的运用

(1) 拒绝让步并存。洽谈的过程既是拒绝的过程,也是让步的过程,两者缺一就不能称之为谈判。

(2) 拒绝具有相对性。商务谈判过程中出现拒绝是非常正常的,但并不意味着要结束谈判,仍然遵守着双方之前达成的承诺。有时,拒绝具有很强的针对性,拒绝一件事情意味着在另一面方面就有了讨价还价的余地。

(3) 拒绝的注意事项。要掌握谈判中拒绝的艺术,必须注意两。①拒绝本身是一种手段，而不是目的。谈判是为了获利，是为了取得成功，而绝对不是为了拒绝。拒绝只是为了达到谈判目标而采取的一种手段。拒绝并非表示谈判的破裂，而是为己方争取更多的利益，其最终目的是在符合己方利益需求的基础上达成协议。②拒绝是一种艺术，也需要经验积累。有时面对老客户不好意思拒绝，会给今后的签约和履约带来麻烦。因为拒绝是不能如期兑现的，如果勉强同意只会给己方带来被动。

2. 拒绝的方式

谈判中的拒绝要讲究技巧和艺术。拒绝对方时，要尽可能采取委婉的拒绝方式，不要板起脸来，态度生硬地回绝对方(除非是策略上的需要)。要在适当的场合，选用合适策略和方式，给对方留有余地，有技巧地予以拒绝。拒绝是一种方法、手段，需要对其进行认真研究。一般在谈判中使用的拒绝方式有以下几种。

(1) 预言法。人都有一种想看透别人、了解别人的嗜好，同时又有怕被别人看透、被别人了解的心理。出于后面的这种心理，每当别人看透自己或了解自己时，人们往往会因为"文饰"心理，用相反的行动或言论伪装自己，以证明别人的看法或了解是错误的。这种现象在自尊心特别强、爱挑别人毛病的谈判对手身上表现得特别明显，而对付这种人，采用预言法进行拒绝不失为一种较好的办法。这种方法的目的在于避免对方出现某种行为。因此以预言的方式提示对方，对方也会有所意识和察觉，从而避免该种行为的出现。

(2) 转折法。这种方法是通过说理的方式予以拒绝，是在一开始时不说出自己的意见，而是根据对方的观点对事情的发展进行演绎，以降低对方的心理戒备和防范意识，然后再依据推理说出自己的见解，直至拒绝对方。

(3) 问题法。由于对方提出过分或无理要求，从而迫使己方提出一系列问题让对方给予回答。因此，使用问题法把对方完全无理的要求予以拒绝，是一种行之有效的办法。在使用这种方法拒绝对方时，需要考虑对方感受，不要以嘲讽、教训的口气发出提问，否则造成情绪对立，不利于谈判顺利进行。

(4) 条件法。在洽谈过程中直白地、简单地拒绝对方不利于双方形成良好的合作关系，有时容易造成对立情绪。采取条件法，是在拒绝时首先让对方答应己方条件，一旦得到满足就可以同意对方提出的条件。否则双方都不能满足。这种方式一般国外银行业经常用到。

(5) 补偿法。就是在这一方面予以拒绝但是在另一方面给予一定补偿。这种补偿不是以金钱或现货的方式，而是在以后的合作中在满足一定条件下的让步，然后辅以一番苦衷叙述，就可以在拒绝的同时又与之建立友好合作关系。实际上这种方式的拒绝意味着对之前的拒绝做出补偿，而不致产生负面情绪，或者把对方的不满、失望引导到替代物上去，从而避免对方冲着自己发火。

四、辩论与说服的技巧

(一) 商务谈判中辩论的技巧

辩论是商务谈判的重要构成部分，它不仅体现为谈判各方名词概念、语言技巧的较量，同时还包含着追求真理的思想和语言活动。辩论是双方针对特定议题发表意见，阐明各自立场而进行信息沟通交流的活动，是谈判必经的过程。作为谈判人员，要做到每辩必胜，必须掌握正确的辩论原则与技巧，才能在谈判中如虎添翼，无往而不胜。辩论应当讲究一定的方法和遵循一定的原则，即遵循逻辑规律，讲究辩论技巧。

1. 辩论的形式

在商务谈判中辩论的形式主要有以下几种。

(1) 归纳推理。归纳推理是从个别事件中，经过逻辑推理和论证而产生的具有概括性的一般结论。归纳推理有三种特征：①先举出许多例证；②把例证中的各种共同点全部集中在自己的身上；③借此强调自己比别人优越得多。

(2) 条件分离。条件分离是以条件作为基本前提，以肯定前提条件而得出相应结论的辩论方式。因为条件命题在确定了前提条件后，必然会产生相应结果，所以条件分离具有一定的因果关系。

(3) 比较类推。这种类推方法是根据事物的相似性，将一种事物的属性通过推理认定成另一种也具有相同的属性的事物。通过对两种事物的比较得出有共同的属性，那么可以推理出它们也具有相同的另一类属性。如果类比事物具有相同的属性越多，那么得出的推论也越具有可靠性。

(4) 归谬推理。归谬推理的目的是反驳对方意见。根据对方提出的判断作为假定条件，以此为基础进行推理论证，从而得出对方观点是错误的结论。实际上是以退为进假定对方观点是正确的，据此进行推理，最后得出谬论，从而认定对方观点是错误的。

(5) 两难推理。两难推理是指竭尽所有可能(通常是两种可能)，令谈判对手无论承认哪一种可能都必然失败的论辩方法。运用两难法，常常令对手进退不得。在商务谈判中，如果谈判所涉及的问题表现出两种可能性，而每种可能性都会导致对方无法或难以接受的结论，那么就可以运用此方法，使谈判对手不得不放弃原先的错误观点。

2. 辩论的关键要点

(1) 要有坚定的立场和明确的观点。谈判辩论的过程也是证明自己观点真确的过程。这一过程也是根据客观材料以及相关论据陈述观点和立场，增强说服力，将对方观点予以有力反驳，最后确定己方观点是正确的。

(2) 措辞要严密准确。不论辩论双方如何针锋相对，谈判人员的态度应力求客观，措辞应尽量准确，绝不能用侮辱诽谤、尖酸刻薄的语言进行人身攻击，否则只能损害己方的形象，不能为谈判带来丝毫益处。在辩论中，一旦达到目的，就要适可而止，不要得理不饶人、穷追不舍，以避免将对方逼入绝境，从而强化对方的敌对心理和反击的念头。

(3) 善于处理辩论中的优劣势。在商务谈判的辩论中，谈判的一方可能在某一阶段占有优势，而在另一阶段处于劣势。当己方处于优势时，谈判人员应以优势压制对方。此时，可以滔滔雄辩、气势恢宏，配以适当手势和语调向对方亮明自己观点，证明自己观点的正确性，但是要把握度，不可过于宣泄自己情绪。因为事物是发展的，有时可以相互转化。在己方处于被动时，也要表现出一定气势，既不能沮丧泄气，也不要慌乱。此时，应思考对策，保持己方的阵脚不乱，这样才能有机会把劣势转化为优势，使对方不敢得寸进尺。

(4) 逻辑性要强。谈判中要说服对方，在材料的安排和语言运用方面，就必须符合逻辑思维的一般规律，讲究逻辑艺术。

(5) 不纠缠细枝末节。在谈判的辩论中，要关注主要问题，而不要过于纠缠细节性问题。在对对方观点进行反驳时，要做到目标明确并且要切中要害。同时，要以简洁明了、重点突出的原则，证明自己的观点是正确的。

(6) 注意个人素质。谈判场上，谈判者的仪容仪表和得体的举止可以展示一个人的素质和修养。谈判中不要出现诸如指手画脚的行为，而应保持良好的仪表，这样可以给人以正面积极的第一印象，而良好的形象有时能够影响辩论氛围。所以，良好的个人形象有时比语言产生的威力更大。

(7) 善用双关、比喻等辩论中常用的方法和技巧。在辩论中，遇到难以回答的问题时可以采用一语双关的表达方式，这样可以对谈判进程起到良好的推动作用。

(二) 商务谈判中说服的技巧

说服是商务谈判中一项重要的工作，它常常贯穿于谈判的始终。谈判中的说服，就是改变对方的初始想法，使之接受己方的意见。说服有助于达成有利于己方的协议，也有助于提高谈判的效率。谈判人员的说服能力以及如何发挥这种能力，是最终达成协议的关键。

1. 说服的过程

(1) 消除对抗阶段。要达到说服对方的目的，需要分析对方意见，找到相似的观点，从而避免产生对抗情绪。以双方都认可的问题作为切入点，逐渐打开对方心理症结，以事实和充分的论据说服对方。一个人在接受对方观点之前，首先考虑的是他和说服者之间的友好关系。因此，在企图说服对方之前，必须先与其建立相互信赖的人际关系，以消除对方的对抗情绪。

(2) 耐心说服阶段。和对方形成良好的人际关系后，可以开始说服工作。为了在谈判中显示出更大诚意，谈判者应说清为何在众多的"候选者"中选择他作为说服对象、对方的利弊得失以及自己的一部分或全部的"利己"动机。

(3) 提议接纳阶段。在耐心说服对方之后，应尽快让对方接纳己方的观点和立场，具体表现为取得对方口头的承诺或签订书面协议书。此时，应设法令接纳的手续变得简单，并尽可能签订书面的协议，以防对方变卦。

2. 说服他人的关键要点

(1) 建立良好的人际关系，取得他人的信任。通常在接受别人意见时，要考虑私人关系。如果彼此认识并建立了相互信任关系，那么就会理解对方的观点和想法。所以在谈判中，得到他人的信任是成功说服他人的基础。

(2) 站在他人的角度设身处地地谈问题。在说服对方时，要尝试着站在对方的立场考虑问题。如果能时时为对方考虑，对方就会信任己方，就会感到己方是在为其着想，从而对己方产生好感。只有站在对方的立场考虑问题，才能在说服时抓住对方的心理，所用的语言和技巧也更有针对性。

(3) 以诚相待。首先要和对方开诚布公地谈及接受意见的理由，以及由此产生的正面作用和负面作用。其次要向对方表明利益是相互的，在给予别人的同时自己也会得到相应的利益。这样双方就可以逐渐建立良好的人际关系。如果认为在合作中没有得到利益，那么总会被认为没有诚意，继而硬性谈判进程。

(4) 争取对方的认同。在洽谈过程中，既要获得对方认可，避免产生不良情绪，同时还要让地方接受己方观点。无数经验证明相互认同是取得他人信任的前提，也是以理服人的生动体现。

3. 针对不同类型人员的说服技巧

不同性格的谈判人员在谈判桌上会表现出不同的谈判作风，一般可分为以下四种类型。

(1) 谋略型。

1) 对付抬价的办法。双方已经谈好价格，对方却突然要求提价，即为抬价。对付抬价的办法有：①向对方直接指明，以争取主动；②尽早让对方在合同或协议上签字，以防止对方出尔反尔；③终止谈判。

第五章　商务谈判中的技巧分析

2) 对付滥用权威的谈判对手。谈判人员可以从以下几方面对付滥用权威的谈判对手：①沉着应战，不要畏惧权威，抓住权威不太熟悉的技术难点向权威发难，使权威失"威"。②向对方表明，专家的观点只是个人的学术观点，并不是谈判的协议，合同必须是双方都能接受的。③如果确认自己不是权威的对手，可以以无知作武器，向权威表明这些东西己方不懂，无法确认其真伪，也无法做出任何承诺。这一方面可能使权威"好为人师"，透漏一些秘密，另一方面也可能造成权威的失落感，使其失去用武之地。

3) 反车轮战。车轮战即谈判的一方采用不断更换谈判人员的方法，使另一方精疲力竭，从而被迫做出让步的策略。反车轮战的策略是：①及时揭穿对方的诡计；②以借口拖延谈判；③对新更换上来的谈判对手拒绝重复以前的陈述，让对方多讲；④对方否认过去的决定，己方也否认自己的诺言；⑤采用私下会谈的方式与新对手谈话，摸清情况。

(2) 强硬型。针对强硬型谈判人员可利用的说服技巧有以下几种。

1) 保持沉默。即使对方受到冷遇，造成其心理恐慌、不知所措甚至乱了方寸，从而达到削弱对方谈判力量的目的。运用该技巧时，要注意审时度势，运用不当会适得其反。例如，在对方还价后保持沉默，对方会以为是默认。又如，沉默时间太短，对方会觉得被他震慑住，反而增添自信。运用好这一技巧，必须事先做好准备，并且要做到耐心等待，利用身体语言搅乱对手的谈判思维。具体如下：①首先，要明确在什么时机运用该技巧；其次，要明确如何约束自己的反应。②可以在沉默时做些记录，一方面是做戏，另一方面是给自己留出冷静思考的时间。③可以利用身体语言表达对对方立场的不满。

2) 采用等待法。对于那些一时难以说服的谈判者可以等待一段时间，虽然在谈判现场还是坚持原有观点，但是随着时间流逝或许会有改变的可能，因为事物是发展变化的，做事给对方留有一定余地对双方都有益处。在说服他人时也不要过于着急，缓和一段时间或许是最好的选择。这里必须指出，等待不等于放弃。

3) 采用"下台阶"法。有时面对错误对方碍于脸面不愿承认，致使说服没有效果，此时可以先给对方一个机会赞扬他积极的一面，从而使其自尊心得到一定程度满足，然后再慢慢引导，这样更容易达成一致意见。

4）采用迂回法。有时针对谈判主题从正面摆事实讲道理已经没有作用，可以采用迂回法，寻找其他突破口不失为一种好的选择。这种情况类似作战，硬要从正面攻击很难取得效果，而从侧面采取迂回的办法，找到对方弱点各个击破。谈判时从正面谈已经没有效果，而从侧面寻找对方感兴趣的话题开始谈起，找出对方弱点后再想办法慢慢说服，或许会受到意外效果。

(3) 不合作型。

1）感化。用真诚的语言和虔诚的态度从情感上打动对方，要注意用语恰当，语调要平和，避免争论。最后，少说多听，在对方说话时不打岔。

2）出其不意。这种方法是在谈判时突然打破既定思路，甚至做出与之前相反的观点，使对方不知所措。如提出令人惊奇的时间安排，如截止日期的改变、谈判速度的突然改变；或做出令人惊奇的行动，如不停地打岔、退出谈判；或做出令人惊奇的表现，如提高嗓门；或出现令人惊奇的人物，如专家、权威人士的突然加入；或更换令人惊奇的谈判地点，如杂乱无章的办公室、豪华的办公室等。

3）制造僵局。该技巧不能轻易使用，只有在具备下列条件时才可以用：①市场情况对己方有利时；②事先设计出退出僵局的退路时；③对方相信僵局是由其造成时。

(4) 合作型。对付合作型谈判对手，可以使用如下方法：设立谈判期限，私下接触，适度开放，开诚布公等。

五、倾听与观察的技巧

(一) 商务谈判中倾听的技巧

在商务谈判中，倾听技巧是双方进行有效沟通而必须掌握的。倾听是用耳朵接受、用心领会的过程，是加强交流的重要方法。它是谈判中相互了解对方看法的主要手段。只有认真倾听才能明确对方的真实意图，才能根据对方的观点实施己方策略。同时，根据心理学观点，倾听具有一定的说服对方的作用，因为倾听

第五章　商务谈判中的技巧分析

能够给对方以满足感,从而有利于双方建立一种信任关系。所以,学会倾听对谈判人员来说是很重要的。根据倾听的结果及时做出反应,才能进行有效沟通。

1．倾听的意义

(1) 倾听有助于给对方留下良好的印象。当谈判人员专注地倾听对方说话时,即表示出对说话者的观点很感兴趣或很重视,从而给对方留下很好的印象,进而改善双方的关系。根据人性理论,人往往喜欢表现自己,更喜欢别人倾听自己。一旦有人倾听,说话者就会更热情,更有说话的兴趣。因此,专注地听别人讲话,表示对讲话者的尊重以及对其讲话内容的重视,能使对方产生信赖和好感,使讲话者形成愉快、宽容的心理,变得不那么固执己见,从而有利于双方保持良好的关系。

(2) 倾听能够很好地把握对方真实意图。通过认真倾听可以了解对方的看法和态度,从而更深刻地了解对方。谈判是参与谈判各方相互沟通和了解的活动,得到最新信息有利于双方之间更深层地互动交流。所以,谈判者要注意收集相关信息以掌握更多情况,而倾听便是最简捷的途径。

2．倾听的特征

为了更好地倾听,谈判人员应首先了解倾听的心理特征。倾听的心理特征是听者对说话者主观反映的一种特殊的心理活动。倾听的心理特征包括听者的感知特征和注意力特征。谈判人员应掌握听者的感知特征,并学会利用听者的注意力特征。

(1) 掌握听者的感知特征。感知是人的感觉和知觉的合称,是客观事物直接作用于人的感觉器官而在人脑中的反映。感知是听者认识和理解的前提。一般来说,听者对说话者所表达信息的感知程度与说话者表达的效果成正比。语言表达给听者的感知信号越强烈,听者留下的印象和记忆就越深刻。听者的感知特征具体表现为以下几点。

1) 选择性理解。听者在理解过程中,既受说话者讲话内容与形式的制约,又受自身文化素质的限制,对信息的理解具有选择性:①同步性理解。即听者与说话者在上述各方面的修养和水平大致接近，这样听者所理解、选择的意义和重点就可能与说话者的本意大体一致。②浅层次理解。如果听者与说话者在文化水平、思想修养、社会经历和知识结构等方面差距悬殊，就不可能对说话者的思想、语言等符号进行全面、准确地破译，往往只是有选择地理解一些东西。③创造性理解。这种理解是指遵循说话者的思维方向和逻辑定势，带着被说话者唤起的某些预存意念，以积极的和主动的注意，创造性地表现和领悟说话内容。

2) 经验性理解。人在感知对象时，总是根据已有的经验和情绪感知和评价当前所出现的客观事物，这就是心理定势。心理定势具有两重性，既可使听者产生积极的心理倾向，又可使听者产生消极的心理倾向。说话者应运用感知的经验性规律，做到叙述一开始就给听者造成良好的心理定势。

3) 差异性理解。外界信息是多种多样的，在一定的时空范围内，人总是有选择地以少数信息作为感知的对象。有的信息与背景之间的反差性强，显得特别突出和清晰；有的信息与背景之间的反差性不够明显，导致信息模糊不清。因此，谈判人员在说话的过程中，应尽量增加各种反差，给听者以强烈印象，从而提高感知效果。例如，用重音突出某个词语，用手势强调某种意思。

4) 直观性理解。感知的直观性有实物直观、模像直观和语言直观三种基本形式。在说话时，谈判人员应丰富听者的感知，也包括尽可能地向听者提供图表、照片、实物、录像等视觉的感知材料。语言直观的表达手法多种多样。例如，运用拟人、比喻、夸张等修辞手法，可以把抽象、枯燥的事物说得形象生动。至于示范、演示等手法，更是把听觉形象转化为视觉形象。

5) 整体性理解。听者所感知的信息固然是由许多部分组成的，并且各个部分具有不同的属性，但是他们并不会把感知的信息分割成许多个部分，而是把它们作为一个整体，从而形成整体影像。这就要求谈判人员在说话时应做到各个有机部分的协调统一，内容和形式的协调统一，内容和情感的协调统一，口语和非语言行为的协调统一。

6) 群体行为的感染性理解。感染是指对情感或情绪的影响，是指在一组人群中，通过一个人的情感或情绪的影响而带动其他人也有类似行为，也是趋同心理的一种表现。有时在一组人群中，一个人的情绪或动作行为会影响他人也产生类似的动作行为。所以，说话者要观察对方的情绪变化及时做出调整，以消除负面影响，并以主动方式抑制消极情绪和行为。

(2) 利用听者的注意力特征。听者的注意力是指听者对说话内容的指向和集中。人的注意力持续时间非常有限，大约只有 3~24s。人的大脑时刻准备接受新的刺激，听者在听的过程中很难聚精会神地坚持下去。因此，说话者应该注意做到以下两点。

1) 保持听者的注意力。说话的开头吸引听者的注意力后，还要保持听者的注意。由于听者注意力持续的时间非常短暂，说话者有必要使用各种手法，如提问、实验等活跃全场气氛，促使听者动脑、动口，把分散的注意力集中起来。

2) 诱发听者的注意力。引起听者注意的原因，有时是说话内容，如是否强烈新奇、对比鲜明、不断变化等；更主要的是听者自身的因素，如当时的心理状态、兴趣、需要等。因此，说话者可以针对听者的心理特征和需要，设计新颖独特的发言，运用引人入胜的艺术手法，以吸引听者的注意力。

3. 倾听的障碍种类

在人们相互交谈的过程中，倾听的障碍主要有以下几种。

(1) 精力分散造成少听或漏听。即因精力分散、思路较对方慢以及观点不一致而造成的少听或漏听。商务谈判是一项十分耗费精力的活动，对谈判人员的体力和智力的要求都非常高。如果谈判日程安排得很紧张，谈判人员得不到充分的休息，会出现少听、漏听的现象。特别是在谈判的中后期，由于连续作战，消耗会更大，此时即使是精力十分旺盛的人，也会出现因精力不集中而产生少听、漏听的现象。

(2) 判断性障碍。在沟通交流中，人们都会下意识地对别人说的话进行评价，表示支持或者不支持，这会导致倾听效率下降。人总是以自己的观点出发，分析眼睛看到的事物和耳朵听到的声音，以个人观点为前提可能会导致先入为主影响评价结果。

通常情况下，听者的表情、语言、行为等反应会影响说话方的连贯性，影响其原有思路，说话方会根据听者的反应调整自己的思路。思路改变了，说话方所说的话就不是其最初的本意，其真正的思想没有表达出来。支持似乎不会改变说话方的本意。其实在一定程度上对说话方有引导作用，说话方更愿意表达听者支持的内容，听者可能不支持的内容，说话方可能不会表达出来。

(3) 环境的干扰形成听力障碍。环境的干扰常常会使人们的注意力分散，从而形成听力障碍。例如，天气的突然变化、过往车辆的轰鸣声或是鸟鸣声、修建和装修房屋的噪声等，都会使听者注意力分散。如果听者不认真听，而是将大量精力放在评价、分析说话方内容时，则会漏掉很多重要信息，导致自己没有完全听明白或者不能完全理解说话方到底说了什么。

(4) 知识水平有限。有时候，双方交谈的内容涉及专业知识，或者与外国友人交流，我们会因专业水平有限和外语水平不足而不能完全理解对方的意思。商业会晤时，双方会就合作内容或者拟定合同等方面进行磋商，谈判人员必须掌握一定的专业知识，否则专业性不强或者资料准备不充分，谈判人员会对很多内容不了解或者不能及时回应，导致倾听障碍。

此外，如果谈判人员的外语听力水平不够高，也会造成倾听障碍。在国际商务谈判中，如果主谈人不精通外语，往往需要配备专门的翻译。但是，由于翻译人员大多是专门学习外语的，对某些商务知识和技术知识及其术语可能并不十分精通，一旦需要对某些技术含量较高的业务进行全过程的翻译，就很容易出现对某些细节一带而过，或对商务条款中的细节问题没有翻译完整，而只翻译出大概的意思。因此，语言问题也是听力障碍的一个重要方面。商务谈判人员精通一门或多门外语是非常重要的。

4. 克服倾听障碍的方式

认识听力障碍的几种情况后，商务谈判人员要提高倾听的效果，就必须把握倾听的规则和技巧，想办法克服听力障碍。

(1) 创造良好的环境，避免外界干扰。当自己处于比较熟悉的环境中时，会很快融入环境中，精力也比较集中；如果在陌生的环境中，需要花费时间去适应环境，精力会分散，导致听者效率降低，不能抓住有效信息。在谈判时要选择自己熟悉的地点，这样就会处在有利位置，能够集中精力去谈判。所以，在进行商务往来时，尤其是涉及重要谈判时，要抓住主动权，夺得主座谈判，住在熟悉的环境之中，有利于谈判；如果争取不到主座谈判，那么要争取将谈判地点选择在双方都比较陌生的环境中，这样双方就处于一个起跑线上。

(2) 听取自己讲话内容。听自己讲话内容能够培养认真听取他人讲话的能力。听取自己讲话内容，可以了解自己在倾听时有哪些好的习惯和不好的习惯，而找到自己倾听的不好习惯尤为重要。比如自己是否存在热衷于评价别人话语、是否有抢话的习惯等。了解自己倾听习惯后，改正不好的习惯，发扬好的习惯，能够培养自己听的技巧。

(3) 认真倾听。谈判人员听取对方讲话时要全神贯注，将自己的全部精力用于倾听。无论是站着还是坐着，都要与说话者保持最适宜的距离，要凝视着说话方，要与其有目光交流，通过表情以示支持，让其继续说下去。

(4) 理解话的本意并向对方表达出理解。听者不仅要把注意力集中在对方所说的话上，而且要努力理解话的本来意思，并表达出对说话者讲话和感情的理解。通常情况下，人们说话时总是边说边想，来不及整理，有时表达一个意思要讲许多内容，若不仔细听，就无法听出重点。所以，听者只有在认真倾听的前提下，才能分辨别出对方所说的内容是真还是假，留下真的、有用的信息，提高倾听效率。

(5) 摒弃先入为主的思想。将自己的观点注入说话者的语言中，这样会忽略自己不愿意听的信息，从而曲解说话者的初衷，不能真正理解说话者的愿意。谈判时，听者先入为主，将对方表达的内容主观臆断，听者收到的信息不完全或者会不准确，从而误解或者曲解对方的意思，听者接下来的评价或者判断就会错误，可能达不到谈判目标。所以，听者必须摒弃先入为主的思想，以谈判的立场和谈判目标为前提，逐字逐句地听取对方表达的内容，进行全面理解和分析。

(6) 做好笔记。商务谈判过程中会涉及很多方面，对于重要信息要记录下来。谈判时，双方针锋相对，思维非常活跃，要认真倾听，还要根据听的内容进行评价、判断，更要进行相应的回复，而且谈判气氛也非常紧张，只凭人脑是记不全所有信息的。研究表明，记忆力超群的人，在紧张的环境中仅仅能记下 1h 内的部分内容，有的内容会彻底忘记。所以，笔记在谈判中非常重要，而且简单易行，对理解对方的本意有很大的帮助。当然，做好笔记也要讲究方法。正确的记录方法应是选择要点来记，并适当做注解。

（二）商务谈判中观察的技巧

商务谈判不仅是语言的交流，同时也是行为的交流。在商务谈判中，谈判人员不仅要听对方的发言，而且要观察对方的行为。因为语言所表达的并不一定是对方的真实情况，而对方的身体语言会透露其真实的心理活动。因此，谈判人员应通过仔细观察对方的行为举止，捕捉其内心活动的蛛丝马迹。人们在瞬间的注意广度一般为7个单位，如果是数字或没有联系的外文字母，可以注意到6个；如果是黑色圆点，一般可以注意到8~10个。这就是人们在瞬间注意时的极限。当然，这只是实验条件下得出的研究结果，研究中只给人们大约0.1s的时间去注意。在现实中，人们注意商品、注意他人的时间要长得多，注意的机会也多得多。如果受注意的事物排列整齐而有规律，人们可以注意到更多的数量。这些规律给谈判中的观察提供一些理论依据。在商务谈判中，谈判人员可注意观察对方的头部活动、面部表情、上肢的动作语言、下肢的动作语言、腹部的动作语言和整体的动作语言等。

1．头部的语言

头部动作可以传递的信息包括点头语和摇头语，合称"首语"。一般来说，点头表示首肯，也可以表示敬意、感谢、顺从、同意等意思；摇头则表示否定，还可以表示对抗、高傲的意思。因文化和环境的差异，首语在不同的国家具有不同的表现形式。例如，表示首肯的头部动作：巴基斯坦人是把头向后扬，然后再靠近左肩；斯里兰卡人是将下巴低垂，然后朝下往左移。表示否定的头部动作：土耳其人和阿拉伯人一般将头抬起。另外，在保加利亚和印度的某些地方，摇头表示同意，恰好与常规相反。因此，对于头部动作所传递的信息，谈判人员应根据对方所属的国家和民族做出判断。

2. 面部表情语言

(1) 眼睛所传达的信息。眼睛具有反映人们内心深处思想活动的功能。人的喜、怒、哀、乐等情感都会通过眼神的微妙变化反映出来,而且眼睛能表达最细微、最精妙的差异。20 世纪 60 年代,赫斯是美国芝加哥大学的博士,他通过观察人们瞳孔的大小变化,判断人们对人或者事物的喜欢还是厌恶。眼睛的变化以及其所表达的信息有以下几点。

1) 根据目光凝视讲话者时间的长短判断听者的心理感受。通常在交谈过程中,听者与说话方会有频发的视觉接触。有研究表明视觉接触时间占全部谈话时间的 30%~60%。通过这一时间,可以判断听者是否对话题感兴趣或者愿意继续倾听,如果二者视觉接触时间不足平均值,则说明听者对话题不感兴趣或是不愿意倾听,如果二者视觉接触时间高于平均值,则说明听者对话题感兴趣而且愿意倾听。

说话时保持目光接触或凝视对方,在美国、加拿大、英国、法国、意大利、南美和中东国家是合适的。但是,在日本、印度、柬埔寨等东南亚国家和非洲国家,应避免目光的直接接触,以表示对对方的尊重。此外,在某些国家,保持直接目光接触有年龄、地位、性别和时间长短的区别。比如,在西班牙、南美和非洲撒哈拉沙漠以南的许多国家,年轻者或地位低者通常不直接注视年长者或地位高者。在不同国家,目光接触时间的长短也有区别:在有些亚洲国家,目光接触一般为两三秒;在美国,目光接触可长达五六秒;在日本,仅偶尔看对方一眼才被认为是有礼貌的行为。

2) 眨眼频率和眨眼时间有不同的含义。医学结论表明,一般人们每分钟眨眼 5~8 次,每眨眼一次的时间在 1s 以内。交谈过程中,眨眼次数超过 8 次,则说明听者对话题感兴趣,表示愿意倾听或者同意说话者的观点。如果眨眼时间长,超过 1s,表明听者对话题没有产生兴趣或是不愿意倾听,还可能表明听者对对方的轻视或者蔑视。

3) 眼神闪烁不定所传达的信息。人在正常情况下,不会出现眼神闪烁不定的情况,只有在紧张、焦急等情况下才会出现。比如人们做错事不承认,撒谎时会出现眼神闪烁不定的情况。

4) 眼睛瞳孔所传达的信息。眼睛瞳孔也能传达一些信息。比如，眼睛瞳孔放大，炯炯有神，表示此人处于欢喜与兴奋的状态；瞳孔缩小，神情呆滞，目光无神，则表示此人处于消极、戒备或愤怒的状态。实验证明，瞳孔所传达的信息是无法用人的意志控制的。一些企业家、政治家为了防止对方察觉到自己瞳孔的变化，往往喜欢配戴有色眼镜。同样，在谈判桌上，如果谈判人员想掩饰自己瞳孔的变化，也可以戴有色眼镜。

(2) 眉毛所传达的信息。眼睛发生变化时，眉毛也随之发生变化，眉毛与眼睛表达的含义几乎相同。所以，眉毛也可以将人们内心世界的情感表现出来。①双眉上扬，表示人们处于惊喜或极度惊讶状态。②眉毛下垂，表明人们现在非常生气或者大怒。③眉毛上下运动较快，表明人们非常愉快，对对方说话的内容表示同意。④眉毛收紧，表示费解、不支持等情绪。⑤眉毛上挑，表明人们对对方所说内容产生质疑。由此可见，眉毛所传达的信息也是不容忽视的。

(3) 嘴部所传达的信息。嘴巴的微妙动作，能够反映人们的内心世界。比如人们紧咬嘴唇，这是人们在惩罚自己，可能结果不如所愿或者正经历失败；抿嘴表明人们态度坚决；撅嘴表示生气、不悦或者是委屈；向下撇嘴表示不同意、不认可、不赞同。

3．上肢动作语言

手和臂膀是人体比较灵活的部位，也是谈判中使用较多的部位。在商务谈判中，谈判人员可以借助对方的手势，或与对方手与手的接触，判断分析出对方的心理活动或心理状态。同时，谈判人员也可以通过自己上肢的动作语言向对方传递某些信息。上肢的动作语言主要包括手势语、手与胳膊的动作语言。

(1) 手势语。手势语是通过手和手指活动所传递的信息。谈判者可以通过手语解读对方的心理活动或心理状态，也可以将自己的意图传达给对方。手势语可以表达友好、祝贺、欢迎、惜别、不同意、为难等多种语义，具体包括握手、招手和手指动作三种表现形式。

1) 握手。握手的动作源自原始时代的生活。原始意义的握手不仅表示问候，也表示一种依赖、契约和保证之意。标准的握手姿势应该是，用手指稍稍用力握住对方的手掌，对方也以同样的姿势用手指稍稍用力回握，用力握手的时间约在 1~3s 之内。

2) 招手。因受文化背景的影响较大，招手所包含意思的差异也较大。例如，在我国，手心向下伸出向人招手，属于指示手势，是请人过来；而一个英国人见到这种手势会转身就走，因为按照英国人的习惯，这是表示"再见"。如果要招呼英国人过来，应是手心朝上招手。

3) 手指动作。手指动作也是被人们广泛使用的手势语之一。例如，商品交易所内的每个手指动作都表达特定的买进、卖出以及数量多少的含义。人们常用食指和中指做"V"字形，以表示对胜利的祝贺或预祝胜利归来的期盼。用拇指和食指合成一个圆圈，在美国表示"OK"。

(2) 手与胳膊的动作语言。

1) 拳头紧握，表示向对方挑战或自我紧张的情绪。握拳的同时如伴有手指关节的响声，或用拳击掌，则表示向对方发出无言的威吓或攻击的信号。握拳使人肌肉紧张，能量比较集中，一般只有在遇到外部的威胁或挑战时，人们才会紧握拳头，以准备进行抗击。

2) 两手指尖相合，抵住下巴(尖塔行为)，反映此人充满自信。

3) 两手指尖相合，插在大腿中间(倒尖塔行为)，反映此人心情平静，愿意倾听发言。

4) 手与手连接放在胸腹部的位置，是谦逊、矜持或略带不安的心理状态的反映。在给获奖运动员颁奖之前，主持人宣读比赛成绩时，运动员常常有这种动作。

5) 两臂交叉于胸前，表示保守或防卫；两臂交叉于胸前并握紧拳头，往往是怀有敌意的标志。

6) 吸手指或指甲。成年人做出这样的动作是不成熟的表现，谈判人员应避免出现这种动作。

7) 用手搔头，表示困惑、麻烦或不满。

8) 用并拢的食指、中指、无名指摸着额头，表示害羞、困惑、为难。

9) 双手插在前胸，说明此人胸有成竹，对将要发生的事情有思想准备。

10) 耸肩表示此人内心不安、恐惧或在自我夸耀；耸肩加摇头反映此人不知道、不理解或无可奈何。

11) 双手插在口袋里(尤其是气温不低时)，说明此人内心紧张，对将要发生的事情没有把握。

12) 双手相搓，说明此人陷入为难、急躁状态之中。

13) 双手摊开，说明此人想要表示他的真诚、坦然或无可奈何。

14) 双手叉腰，说明此人在挑战、示威或感到自豪。

15) 谈判中对方扬起巴掌，表示对方坚决果断，决心已下。

4. 下肢动作语言

腿和足部虽处于人体的下部，通常不引人注目，但下肢往往是最先表露潜意识的部位。谈判人员同样不能忽视对对方下肢动作的观察。下肢的主要动作和所传达的信息如下。

(1) 摇晃足部、用足尖敲打地板、抖动腿等。这些动作都表示此人焦躁不安、无可奈何、不耐烦或想摆脱某种紧张感。通常，在候车室等车的旅客常有此动作。在谈判桌上，这种动作也是常见的。

(2) 分开腿而坐。这表明此人很自信，并愿意接受对方的挑战。如果一条腿架到另一条腿上就座，一般在无意识中表示拒绝对方并保护自己的势力范围，使之不受侵犯。如果频繁变换跷腿姿势，则表示情绪不稳定、焦躁不安或不耐烦。

5. 整体动作语言

(1) 立姿。谈判者的站立姿势也会表现出其不同的情绪和心理。立姿所传达的信息有以下几种。

1) 两腿相距一肩宽站开，脊背直立，挺胸抬头，目光平视对方，表现出信心、兴趣和进取的劲头。

2) 以稍息姿势站着，双手垂直放在背后，头侧着平视，或仰视对方头顶或眉毛以上，眼神并不随话题变化，表示对话题没有兴趣，或根本没有专心听。

第五章 商务谈判中的技巧分析

3) 双脚并拢，腰微弯，目光注视着对方的眼睛，头微低，表现出谦恭、礼貌与鼓励的态度。

4) 一脚向前，双手抱肩，头微低，目光在对方眼睛的下方，神色严肃，表现出专心、严肃与信赖。

5) 双脚叉开，敞开西服，一手叉腰，挺胸平视对方，显示的是无所畏惧、乐观或不急于求成的心态。

6) 低头看对方脚或胸部以下，显示的心态是深思、为难、不易应允。

(2) 坐姿。任何一种坐姿都会毫不掩饰地反映出谈判者的心理状态。坐姿所传达的信息有以下几种。

1) 坐着时上身向后仰超过 20°，左右倾斜超过 10°，这是人体最放松的状态，此动作表示对方处于放松状态。

2) 坐着时上身向前倾小于 20°，左右倾斜小于 10°，这是人体一般的状态，此动作表示对方既不紧张，也不放松。

3) 坐着时身体挺直，面部肌肉僵硬，或者上身紧靠椅背而坐，这是人处于紧张状态的典型特征。

4) 斜着身体坐，表示心理愉快和有优越感。

5) 双手搭着桌子，背靠椅子，显示正在等待、有耐心。

6) 双手放在桌上，挺腰近台而坐，反映对方感兴趣、全神贯注和有积极性。

7) 深深坐入椅子内，腰扳挺直，是想在心理上表现出一种优势。

8) 浅坐在椅子上或沙发里，说明对方精神上缺乏安全感，显露出其处于心理劣势。

9) 斜歪在沙发上，甚至还跷起了二郎腿，这大多是应付、闲散、不在意的表现。

10) 交叠双足而坐，这是一种防范心理的表现。

11) 抖动足尖或腿，这表示内心轻松或不安。

12) 男性张开双腿而坐，表示自信、豁达。

13) 女性双膝并拢，表示庄重、矜持。

14) 谈判中身体突然转向出口处或频繁改变姿势，流露出对方希望结束谈判的心情。

15) 谈判时突然转身，表明内心的拒绝、回避、不理睬。

(3) 行姿。不同的行姿也能反映谈判者的心理状态。行姿所传达的信息包括：①步伐矫健、轻松、灵活，表现出积极和令人振奋的精神。②摇头晃脑、左右摇摆的行姿，给人以无知、庸俗和轻薄的印象。③在主座谈判中，谈判人员应自己先到房间，在迎过客人后，引客入座，然后自己轻步入座，这反映出礼貌、持重和信心。④在客座谈判中，谈判人员应缓步入门，环视房间主人站的位置，以确定自己的走向，这反映出修养、稳重、信心和力量。

第二节 处理谈判僵局技巧

商务谈判过程中，经常会遭遇一些谈判僵局，也就是谈判双方各持己见，不肯让步，最终导致谈判进入进退两难的境地。僵局的突破，很大程度上取决于谈判人员的直觉、经验、应变能力等综合素质，也取决于领导者的意识和决策水平。

一、僵局的分类

商务谈判中的僵局按人们对谈判本身的理解角度不同，有不同的分类。了解僵局的种类，有助于更好地理解僵局的实质和内容，为应对僵局做好准备。

(一) 按合作的不同过程划分

从广义上说，商务谈判是一个系统性的协议过程，不仅局限于双方意见达成，签订合作协议，还需要时刻注意不同阶段出现的僵局。通常项目在合作方面包括两种合同类型，即合同协议期和合同执行期。因此，商务谈判僵局分为以下两大类。

(1) 协议期僵局。双方经过谈判，未达成一致意见形成僵持局面，也就是人们一般认为狭义上的谈判过程中出现的各种僵局。

(2) 执行期僵局。这种情况的出现，通常来自很多方面，比如双方并未完全明白合同条款导致意见不统一；因为事出突然，一方故意把责任推给另一方；一方违约引起另一方反感等。这些都容易引起责任不分，导致最终争议不断。

(二)按不同阶段划分

从狭义上来讲，谈判是通过双方经过意见交换，进而意见得到统一，最终达成合作协议的过程。这种谈判存在如下初期、中期以及后期三种僵局。

(1) 初期僵局。商务谈判之初，彼此双方经过一定了解，从而建立一种融洽的气氛。这一阶段发生僵局的概率相对较小。因为此时双方对谈判都充满了期待，而且刚开始时一般也不会涉及核心利益问题。极易导致谈判不了了之的情况，包括双方间存在一定误解、没有充分表达各自的需求，以及乙方的感情受到一定伤害等。

(2) 中期僵局。经过更深地商务谈判，基本上进入实质性阶段。这时候，双方所谈判的内容多涉及更加具体方面，比如双方所关心的有关技术、价格、合同条款等交易内容。因为这时候已经明显出现双方的利益冲突，这种矛盾难以更好地统一在合作的背后，客观地存在着以各自利益为重的情况，导致谈判向着双方难以统一的方向发展，从而使谈判陷入僵局。

例如，在建立中外合资企业的谈判中，中外双方对各自投资比例大小会产生分歧。有些国外大公司认为自己掌握先进的技术，因此在合资企业中一定要占51%以上股权，以达到控股目的；而中方合伙人则可能认为，外方提供的技术并不是独家所有，而且今后的产品在国内有很大的潜在市场，因此不一定要让外方控股。于是，双方就会僵持不下。经常出现那种双方不想退让的情况，有时经过双方的努力，问题可以顺利化解，有时双方不能达成意见一致使得谈判没有合理的结果而延长谈判时间。所以，这种阶段是谈判过程中最容易失败的过程。

(3) 后期僵局。谈判一旦进入后期，在双方对技术、价格等关键性问题达成一致意见后，需双方进一步商议那些项目的验收程序、付款条件等执行细节，这些也是可以达成的，但是比较难以商议的是合同条款中涉及的措辞、语气等，谈判不到位极易引起争议，引起谈判失败。不过，这一阶段已经优于中期，这时候如果一方可以更加地大度，谈判一样可以顺利完成。而如果一方掉以轻心，一样容易引起重大问题，谈判面临失败的可能。总之，最后阶段，纵使双方已经达成一致意见，如果没有正式签订合同，合同涉及的权益问题没有更清晰地划分，也是极其危险的，这时候要求谈判双方拿出严谨的态度，顺利完成谈判过程。

（三）按具体内容划分

在内容的谈判方面，僵局存在于国内外的商务谈判中，其中价格僵局是最常见的。此外，支付方式、运输方式、期限等也都十分重要，有可能在谈判中形成以其为内容的僵局。

二、形成僵局的原因

形成僵局的原因有着不同的因素构成，基本上可归纳为如下几点。

（一）人员素质低

谈判总归是由人推动的，人的素质在谈判中起到十分重要的作用。也就是说，人的素质高低直接影响谈判的成功与否。在良好的谈判条件下，双方有着共同的利益时，便会起到关键性作用。假如谈判一方专业知识缺失、自我表现突出或者没有一定的责任感，容易导致谈判失败，致使谈判陷入僵局。如果谈判一方采用掩盖真相、拖延时间、最后通牒等手段进行人为阻挠，这更是引起谈判受阻的常态。所以，谈判人员的行为极易引发谈判僵局。

（二）立场对立

一场谈判的僵局，原因各种各样。比如一场价格谈判，基本上一方持有反对意见，反驳另一方。具体表现在买方说卖方的价钱高，而卖方说自己物有所值；卖方坚持产品质量好，买方则不以为然；客观市场环境的变化引发双方不肯轻易让步，比如变化的市场价格违背了原定的让步计划，引发双方不同的意见，致使各自立场越坚定，分歧就越大，最终导致双方忽略了双方的真正利益，倾向于双方意志力的较量，所以这种低效率的谈判时不需要的，这并非明智的谈判过程。这种谈判僵局严重损害双方的感情，导致双方要为此付出巨大的代价；立场方面，谈判双方越发关注，双方利益越发不可调和，协议也就越难达成。加上双方都不肯做出让步，甚至单方面退出谈判为由，严重破坏正常谈判过程，或者故意拖延谈判，更大程度上加速双方谈判的破裂，这种在谈判中犯下立场观点性争执的错误，是谈判形成僵局的主要原因。

（三）故意行为

所谓的谈判故意行为，属于单方面进行的高风险的谈判战略，这种行为具体表现在一方满足自己的目的，有意做出不利于实现对方利益要求，从而强制对方放弃目标，迫使谈判的结果倾向于己方的行为，最终导致谈判陷入僵局。究其原因，存在故意行为的一方或许在曾经的谈判中利益受损，从而做出报复对方的行为，也可能是为了挽救自身所处的险境，采用不利于对方的行为改变自己的谈判地位，这是尽量保全自己损失的故意行为。例如，买方对卖方的产品质量进行挑剔，一方抓住另一方在谈判中说的错话而加以引申，使对方处于被动地位等。在这种情况下，被反对的一方必然会进行反攻，这就容易引发谈判僵局。其实，这种僵局是最好可以避免的，因为一旦出现这种情况，对双方都不利。退一步说，假如僵局得当，谈判者得其利，反之，后果难以想象。所以，最好不要制造僵局，除非谈判人员有较大把握和能力控制僵局，否则最好不要轻易采用这种方法。

（四）沟通障碍

谈判中的沟通障碍，基本表现在谈判双方由于一些主客观原因，导致双方无法准确得出有关观点、合作目的及交易条件等一致意见。这种障碍的出现，耗时过长致使谈判陷入僵局，待双方都沉下心来时回头一看，争论的并非一码事，这种僵持的处境便是由沟通障碍引起的。而沟通障碍的出现有以下几方面原因。

(1) 双方存在不同的文化背景，在一方阐述观点的过程中，尤其是无法用更为准确的语言进行表达，或肢体语言中某些含义被另一方误解而造成的。

(2) 由于一方虽已接收,但却未能理解另一方所提供的信息内容而造成的。这是因为在接收信息的一方看来,由于受文化程度、职业领域等因素限制,似乎并不能充分理解所接受的信息,不过这种理解不够全面,甚至所认识到和实际发生的并不相符。这种情况是有关沟通障碍案例中较常见的。

(3) 谈判的一方不愿接受他方理解,究其原因通常表现在接受现实的一方有着丰富的内心,像对谈判中另一方的态度,以及涉及对方朋友给信息接收方的影响。

(五) 态度或战术原因

1. 人员的偏见

所谓的人员偏见经常出现在谈判中,造成这种偏见的原因一般来自谈判中的一方感情受挫或者逻辑出错,用一种错误的方式看待谈判的议题,由于偏见本身具有的片面性,这样在谈判过程中自然导致谈判偏离正题而走向极端,从而陷入僵局。举例来讲,谈判中的一方倾向于设备的颜色为浅绿色,而非深绿色,他便会极尽所能对深绿色加以曲解,比如这颜色色调易引起人的心理不适等,这样就会引发对方的不满情绪,这种片面的认识便是导致谈判陷入僵局的原因。

2. 拖延时间

拖延时间尽管是商务谈判中常用的手法,但是如果谈判者为了达到某种不公开的目的,在谈判中就议题迟迟不拿出自己的方案,无休止地拖延,会使对方厌倦,他们可能会采用强硬的方法予以对抗,致使谈判陷入僵局或破裂。

3. 滥施压力

任意给对方施加压力,迫使对方在谈判中处于劣势,这是有些谈判者惯用的伎俩,基本行为表现如下:①为了显自己的优越感,极力表现自己,导致谈判主题发生偏离;②为了夺取胜利,故意说出让人惊诧的观点;③使出所谓的心理战术,用一些阴谋给对方造成迷惑,迫使谈判朝向不利于对方的方向发展……这些破坏谈判规则的人为因素,往往因为过分的行为导致谈判不能正常进行,甚至当一方认识到被戏耍后,便愤怒拒绝谈判,导致僵局的出现。所以,谈判技巧不能过于功利或者不当运用，这些都容易造成谈判无法顺利进行。

4．反应迟钝

这种反应迟钝，在谈判中其实只是假象，是谈判一方经常使用的伎俩，一般是看似十分认真地聆听对方的阐述，其实已经在制造难以沟通的局面，这种想法很容易给对方造成猜疑的心里，甚至给对方造成一定的压力，致使谈判陷入僵局。但是，这在僵局的制造者看来，却显得再正常不过，殊不知，这一方已经违反了信息的双向流动的规律。良好的谈判是一方给另一方传递信息，另一方进行相应的反馈，这是基本的沟通机制，这就达到了控制和调节谈判，是以信息反馈为基本前提的。

5．利用强迫手段

采用强迫手段进行谈判，影响极为恶劣。这种手段本身具有的强势有失公允特点，与谈判追求的公平原则南辕北辙，尤其在商务谈判中，一方恃强凌弱，另一方委曲求全，容易导致僵局的发生。尤其在国与国之间的商务谈判中，利益之争已经上升至国家尊严及长久利益，如果一方存在强势压迫，势必造成另一方不甘示弱，这种僵局的影响力是巨大的。

(六) 外部环境

谈判遭遇外部环境的变化产生僵局，对谈判者一方是始料不及的，这时候一方谈判者便会嘴上承诺按约定履约，实际上却未见行动，造成谈判结果一拖再拖，最后导致一方无法容忍，僵局便会出现。例如市场环境的变化，造成市场价格发生变动，原来约定的价格如今却出现不利于一方的情况，这时候按照约定的话，势必造成一方承受较大损失，而另一方又等着按协议签约的局面。这样因为没有一个合理的解决方案，导致谈判陷入僵局。如果双方能够在谈判中彼此坦诚，给对方一定让步，僵局也就可以避免。

三、商务谈判中应对僵局的技巧

一般情况下，各种不同的谈判僵局既有共性，又有特性。因此，制定打破僵局的策略时，既要遵循应对谈判僵局的基本原则，也要具体考虑每个僵局的不同特征。

（一）应对僵局的基本原则

(1) 正确认识僵局。如果对僵局认识不清，会将自己放置在制造僵局的位置。这也是多数谈判人员的软肋，在他们的意识中，出现僵局意味着谈判失败。为此，他们在谈判前，便有意避开僵局的发生。由于这种心理作用，他们一遇到有僵局发生的迹象，便表现出积极缓和，消极让自己让步，造成越怕麻烦，麻烦便越多的怪现象。于是，未开始谈判并在心里默默许下心愿：一定顺利完成谈判，不要意外麻烦。

因此，谈判中这一方便表现与人为善，尽可能满足对方的需求，自己可以受点儿委屈，这种心理趋势一旦出现谈判僵局，便会立刻慌不择路，对自己原有的计划方寸大乱，将不利于谈判顺利进行，更为甚者已经将自己放在了十分不利的境地。

(2) 诚恳相待。在许多商务谈判中，双方在主要方面有着共同的利益，但是在具体问题上存在着利益的冲突而又都不肯让步。这时，一个关键的原则是要坚持客观诚恳的态度，不能因为利益的分歧而造成无法转环的境况，当僵局出现时也要灵活变通地处理。优秀的商务谈判人员应该始终保持专业的谈判态度，这样才能使谈判顺利进行。同时，诚恳相待有助于赢得对方的信任，建立长期的合作关系。

(3) 立足于双方的共同利益。谈判僵局是个体利益与集体利益相矛盾的结果。但是，谈判双方的共同利益是实现各方利益的基础。因此，在谈判僵局发生时，双方都要考虑到共同利益，为最终实现互利的结果，有时需要放弃一些局部的各自利益。

在实际谈判过程中，僵局出现的主要原因是谈判双方都将焦点放在了各自的立场之上，一旦双方意见相左，便不可避免陷入僵局。究其本质，谈判是利益的博弈，尤其当出现谈判僵局时，双方便失去顾及双方潜在利益的耐心，这是人类正常的心理特征。假如双方能够从对方的立场出发，挖掘出对方立场背后潜藏的共同利益，进而找到一种合理平衡的解决方案，便为打破僵局找到了机会点。这种机会点使双方把眼前利益和长远利益进行调整，寻找双方能够满意的契合点，让谈判能够顺利进行，最终完成谈判。

(二) 打破谈判僵局的方法

寻找一些方法稳定对方情绪，应对僵局，让谈判向着良好的方向发展，需要一些方法技巧。

1. 语言鼓励

当谈判出现僵局时，可以用话语鼓励对方，对于牵涉多项讨论议题的谈判，更要注意打破存在的僵局。叙述旧情，将以往谈判中成功的案例再次回顾，进而温暖双方的对立情绪，从而打破现有僵局。对于多次合作的老客户，如果谈判中出现僵局，双方应先放下眼前的谈判事项，找机会畅叙以往的成功合作经历和给双方带来的利益。这样，有助于双方做出让步，使谈判出现转机。

2. 横向式谈判

遇到僵局时，比较有效的方式是转移注意力，避开不利于对方的因素。其实，僵局之所谓为僵局，是因为双方将注意力放在某一点上，而不能从其他方面思考问题。这时，可以把谈判的面撒开，先撤开争议的问题，磋商其他条款，比如关于价格条款的争议，这时候为了避免僵局，可避开这棘手的问题，转而对交货日期、付款方式及保险等条款进行洽谈。假如这方面谈判顺利，那双方的谈判信心便会得到增强，再重新讨论价格问题，阻力就会小一些，商量的余地也就更大一些。

如果一方特别满意，很可能对价格条款做出适当让步，从而弥合分歧，使谈判出现新的转机。所以，一旦遇到谈判僵局的时候，不用再纠缠于同一个问题，应该采用本文提到的横向式谈判策略，采用一个新的话题避开僵局，这样可以促使谈判继续朝着好的方向发展。因为新的话题必然与造成僵局的话题有一定关联性。所谓一旦新的话题成功，僵局的话题也便迎刃而解。

3. 休会策略

休会是避免僵局的另一个有效方式，这种方式通常是在谈判双方情绪波动较大，无法继续谈判的情况下，采用的一种休会休息的缓和技巧。这时候，东道主经过和客人商谈，尊重客人意见，宣布休会。休会过程中，双方可以借此平静下来，对有争议的问题再次冷静考虑，或者选出各自的谈判小组对问题进行商议，寻找好的解决方案。

(1) 休会的作用。休会策略不仅是谈判人员为了恢复体力、精力的一种生理需求，而且是谈判人员为调节情绪、控制谈判进程、缓和谈判气氛、融洽双方关系以打破谈判僵局而经常采用的一种策略技巧。双方可以采用短期休会的方式，并商定再次谈判的时间、地点，各自给自己冷静反思的时间，仔细分析谈判的目的是什么，以及继续谈判下去是否有利等。这样，等双方的情绪平复以后，就会找到问题的关键，寻找继续谈判的可能性。

如果将休会作为一种积极缓和僵局的策略使用，这对谈判一方来说也可以实现一定的目标：①对争议的问题进行认真分析，从而对重要的问题重新构思；②研究那些新的市场形势，借此验证原来持有观点的正确性，从而引发对新的论点及方法的思考；③检查原定的策略及战术；④缓解体力不支或情绪紧张；⑤研究讨论可能的让步；⑥决定如何对付对手的要求；⑦分析价格、规格、时间与条件的变动；⑧应付谈判出现的新情况；⑨阻止对手提出尴尬的问题；⑩排斥讨厌的谈判对手；⑪对谈判一方的情绪加以缓和。休会谈判策略适用于谈判任何一方，谈判一方可将这种战术性拖延手段应用在僵局中。需要注意的是，选择该手段的一方需要提前告知对方，进而引起对方的同意，这样也可以给对方留出时间，重新思考僵局中的问题。经过休会，双方便可以在同一个时空中，再次修正原来的观点，从而有效打破僵局。

(2) 适用情况。如下一些情况适宜采用休会策略。

1) 谈判中遇到新情况。一些新情况或问题的出现，导致谈判不能得以控制，需要经过几分钟的休会，重新调整谈判策略。

2) 谈判中遇到低潮。谈判低潮主要表现在人的精神状态，长时间的谈判难免

第五章　商务谈判中的技巧分析

造成谈判双方精神疲惫、注意力分散等情况，这时候选择休会不失为一种有效缓解谈判疲劳的方法。

3) 谈判一方不良情绪的出现。当出现低效率、慢进展的谈判时，必然造成一方不满的情绪。这时候选择休会，有助于改善谈判环境，从而促进谈判顺利进行。

4) 谈判陷入僵局。谈判双方经过持续的交锋，各自从自我立场出发，容易因为利益不能满足己方而出现僵局。这时候，选择休会是有利的解决方法，它可以让双方能够保持冷静，对形势进行新的分析，从而做出策略调整，有效促进谈判顺利进行。

5) 最后阶段的谈判。这时候可以总结上阶段研究成果，预测下一步谈判趋势，从而有效推进谈判顺利进行。

选择休会，一般由谈判中的一方率先提出，而且需经过双方同意，才能顺利实施，基本上存在如下技巧：①掌握好的机会，在对方态度有所缓和的情况下提出休会，并将休会时间传达清晰，这样征得对方同意后，便能顺利进行休会；②对休会的需求，婉转地说明情况，通常都容易得到另一方同意，而且东道主如果把休会的需要告知乙方，也容易达成；③休会针对一个问题解决，忌讳又提出新的问题。

(3) 休会破解的方法。假如一方不同意对方的休会要求，可通过以下方式破解。

1) 如果对方无法应对己方提出的重要问题时，己方也不要因为对方的不知所措而停止，而是继续谈下去，忽略对方的休会暗示。

2) 遇到对方长时间坚持、精力不足要求休会的时候，己方可选择提出新的问题拖住对方，这时候因为对方意志力薄弱，容易因为时间太长而选择妥协。

3) 己方一旦占据上风，并且极力煽动，对方情绪上出现大的波动，一般会变得难以承受。这时候便可乘胜追击，直到对方做出让步，对己方的要求妥协。

4. 寻找替代方法

谈判过程中，有很多方案符合双方的利益，但是很多时候谈判双方只是围绕一种方案进行磋商,然而这种方案却不能满足双方的利益要求,导致谈判停滞不前。这时,如果某一方能从多角度考虑问题,将自己坚持的立场先放下,可能会提出能够满足双方利益要求的方案。因此在谈判中,能够找到满足双方利益方案的一方,便可以在维护自身利益的同时,满足对方的利益要求。

在具体运用这种方法时,必须注意两点:①在寻找替代方案时,既要考虑自身利益,又要考虑对方利益,否则提出的方案不会被对方接受;②不能试图在新方案中把原来没有实现的企图重新兑现,否则不但不能摆脱困境,反而会使谈判陷入更为难堪的局面。

因此,要在谈判初期找到最合适的方案是不切实际的,这样不仅不利于谈判双方提出更多的方案,还会导致谈判陷入僵局。在谈判初期,谈判双方应做好长期谈判的思想准备,根据双方的利益要求提出多种方案,这有利于谈判的进行,即使谈判时出现争执,及时调整方案或者提出备选方案会使谈判回到融洽、友好的氛围中,促进谈判的成功。

除此之外,当一个方案大部分都符合双方利益,只是存在某些小问题时,我们可以通过直接或者间接的方法解决这些小问题。比如暂时结束谈判,择日再谈;谈判者可以针对问题进行市场调研或者通过其他方法搜集更多资料,再次讨论时可以解决问题;交易前景不明朗时,减少甚至不谈承担风险的问题,谈判双方都会规避风险,容易引起争执导致谈判陷入僵局;谈判双方可以商议利益分配问题,这样可以为谈判双方的利益找到平衡点;改变交易形态能够让争执双方心平气和地继续谈判,最终促进合作、达成协议;加强双方领导、工程师、职工的沟通交流、相互协商,促进合同的履行;变更付款方式和调整付款时限,保证总金额不变的前提下,提高定金,缩短时限,还可采用其他方式;提高售后服务质量,简化售后手续和流程,提高满意度。

5. 场外沟通

场外沟通也称为会下交易或者场外交易。与正式谈判相比,场外沟通属于非正式谈判,谈判双方可以交流沟通,最终消除戒心和障碍。场外沟通的另一个作用是解决正式谈判中出现的停滞不前或者僵局的情况,利用场外沟通加强沟通交

第五章　商务谈判中的技巧分析

流，找到利益平衡点。改变谈判地点和场所可以改变谈判气氛，使双方更冷静地分析僵局的症结，以解决问题。正式的谈判地点是谈判会场，谈判双方在谈判会场中精神紧张，容易形成剑拔弩张的气氛，谈判双方会故意找出对方的漏洞进行"攻击"，形成不友好、紧张、消极的谈判氛围，不利于谈判的进行。这时，谈判双方可以暂停谈判，或是采取运动、欣赏文娱节目、游玩等方式使双方紧张的心情缓和下来，同时，在一起活动的时候通过轻松、随意的交谈可以拉近彼此的距离、促进了解，减少戒备之心，甚至建立友谊；还可针对相持不下的问题进行开诚布公的交流，诉说彼此的需求、交换意见与建议，通过轻松、愉快的沟通会解决严肃的问题。

(1) 时机的把握。

1) 谈判双方在正式谈判中代表各自公司或者单位，谈判陷入僵局时，谈判者不能以让步的方式促进谈判继续。不过，双方可以进行场外沟通；在非正式谈判时，双方用过于顾及身份的问题，在随意沟通时可以更加容易地打破僵局。

2) 谈判双方在谈判桌上针锋相对、剑拔弩张，谈判一度陷入僵局，虽然双方都愿意让气氛缓和，但是因为面子问题，谁都不愿意第一个让步或者妥协。

3) 正式谈判的气氛严肃、紧张，谈判双方受气氛影响变得严谨、认真甚至执拗，这种情况下让步的可能性很低。但是在场外沟通时，大家放下身份，身心放松，双方能够客气或者相互恭维，让步的可能性大大提高，有利于谈判有序地进行。

4) 谈判双方的领导或者谈判主要负责人可以利用场外沟通进行非正式商谈，打破僵局。

5) 谈判前，先了解对方谈判当事人的喜好，当正式谈判遇到问题或者停止不前时，可以聊一聊对方谈判当事人的兴趣爱好，从而拉近彼此的距离，或者暂停谈判，进行谈判当事人喜欢的娱乐活动，这样有利于解决问题，推动谈判向前发展。

(2) 注意事项。

1) 谈判当事人既要重视正式谈判，也要把握场外沟通，很多时间，其实是以场外沟通的形式度过。在场外沟通时，谈判者要好好表现，积极主动地与对方沟通，这样能够获得很多信息和出人意料的成果。

2）利用社交场所创造与非谈判代表工作人员沟通交流的机会，非谈判代表工作人员有工程师、会计、后勤职员等。通过和他们交流，了解对方的谈判目的、需求、原则底线。

3）当谈判发生争执、停滞不前时，己方可以暂停谈判，邀请对方参加宴会等活动，借助娱乐活动加强与对方的交流，增进情感，建立友谊，让对方看到己方的诚意。

4）很多问题在正式谈判过程中是解决不了的，需要组织社交活动，在放松、娱乐的过程中，将问题解决。

5）当己方问题涉及谈判的核心或者有的问题可能损害对方的利益时，可通过场外沟通，让非谈判代表工作人员与对方沟通。根据对方的反应和回答摸清对方观点，即使对方不愿意回答也无妨，因为己方是非谈判代表工作人员与其进行的沟通，所提问题的观点并不代表本次谈判代表。

6. 更换谈判人员

导致谈判僵局的原因很多，有时是双方利益得不到满足，有时是因为谈判者出现失误或者素质原因导致。比如在双方谈判团中，有人相互之间有偏见，尤其是谈判主要负责人之间有成见，在谈判时容易产生问题，甚至发生相互人身攻击的情况，可能会由两个人发展到两个团体之间，谈判就会停滞不前。这种情况下，调整谈判时间或者更换谈判地点很难解决问题。这一情况的根本原因在于谈判者将问题与谈判人员混淆，问题是问题，谈判者是谈判者，二者互不相干，但是谈判者将对方的谈判人员视为谈判的问题。这种问题产生于谈判人员的年龄、性格、知识水平的高低、生活习惯和背景、好大喜功、专业知识水平有限等因素。如果这种问题一直解决不了，可以及时更换谈判人员，将谈判气氛缓和下来，积极与对方沟通，建立良好的感情，促进谈判的进行。所以，在谈判前要选好谈判人员，避免这种情况发生，更换人员属于迫不得已的方法。

谈判停滞不前，选择更换谈判人员可能不是因为谈判人员存在问题，而是对之前谈判的否定；更换谈判人员后，之前谈判达成的协议可能部分或者全部都否定。谈判某一方采取更换谈判人员可能想向对方致歉，更换一批谈判人员表现出己方的诚意，缓和之前针锋相对的谈判气氛，希望对方再次回到谈判桌进行正式谈判。除此之外，更换谈判人员还表达自己愿意与对方合作，也是愿意改变谈判目标或者降低利益的表达。

谈判搁置后，谈判双方冷静下来，认为合作后获得的利益大于现存问题，可以通过更换谈判人员来邀请对方进行正式谈判。更换谈判人员后，谈判氛围焕然一新，双方会积极主动地推进谈判，寻找双方利益的平衡点，在关键环节适当做出妥协，达成谈判协议。但是，值得注意的有：①进行人员更换时，要向对方进行合理的解释，让对方充分理解；②更换谈判人员属于下策，一般情况下不能随意更换谈判人员，部门领导做好已更换谈判人员的安抚工作，采取鼓励、安慰、增强信心等措施。

7. 中间人调解

谈判出现严重问题、停滞不前，而且谈判双方没有很好的解决方案，双方容易产生猜忌的心理，导致沟通不畅，陷入谈判僵局。比如索赔谈判，不能因为达不成协议而使谈判搁置或者中止。这种情况下，第三方的介入显得尤为重要，第三方可以让谈判双方觉得更加公平、公正，沟通也更加清晰、流畅。第三方作为局外人分别听取双方的诉求和观点，找到问题的根本原因，针对问题提出解决的思路或则方案。要凭借第三方的专业性和权威性来选择，第三方具有权威性能够使谈判双方充分考虑其建议，化解谈判僵局。谈判一方邀请第三方介入，希望将自己的观点通过第三方向对方传达，最终实现自己的谈判目标。具体方法如下。

(1) 调解。调解人提出新的解决方案，争取谈判双方的意见。调解人制定方案时，要以局外人的身份顾及双方的诉求和利益，所以谈判双方比较容易接受调解人提出的方案。不过，调解是解决谈判僵局的一种途径，对谈判双方并不具有强制性，其结果没有法律效力。当调解无效时，可请求仲裁。调解人员选择性很多，可以是单位内部职员或是外部人员。与谈判双方都毫无关系的第三者是最合适的调解人员。调解人员具有品格正直、社会经验丰富、社会地位高、知识丰富、专业强等特点。调解人员越具有权威性,越能使谈判双方信服,更容易缓解谈判僵局,利于谈判的进行和协议的达成。

(2) 仲裁。仲裁是以双方自愿为前提,仲裁结果是受法律保护的,具有对双方很强的约束力。如果调解或者仲裁过程中,谈判一方认为结果偏向另一方时,可以向法院提起诉讼,这样可以保护自己的合法权益。在现实谈判中,很少有谈判人员通过法院解决问题。首先,通过法院诉讼的途径需要花费大量的时间和精力,对谈判的任何一方都没有好处;其次,这种方法严重损害了双方的友谊,以后很难再次合作。所以,向法院提起诉讼是没有办法的办法,要慎重。

调解或者仲裁的作用如下:①制定并提出使谈判双方满意的方案;②为谈判双方继续谈判提供机会;③公平、公正地听取谈判双方的意见和建议;④引导谈判双方提出可行性意见;⑤以谈判双方利益为基础,制定相互让步的方案,促进谈判有序进行,最终达成协议。

8. 有效让步

无论谈判哪一方的当事人都希望谈判能顺利进行,最终达成预期的协议,谁都不愿意谈判破裂。谈判的方法很多,谈判者可以通过很多途径来实现自己的谈判目标,而且谈判目标也不是只有一个,如果谈判双方在细枝末节的地方过于纠结导致谈判失败,对于谈判双方都很可惜。出现上述结果的原因是谈判当事人过于较真,不能很好地利用辩证的思维考虑问题。一位出色的谈判者会拿捏好谈判的分寸,知道何时坚持、何时妥协,为己方争取最大的利益。

现以向国外厂家购买设备的谈判为例,谈判者常常过于纠结设备的价格,最终导致谈判的破裂,而忽略了设备的质量功能、售后服务、运输情况、付款方式等等。其实,当接受厂家给出价格时,可以提出对自身有利的附加条件,比如,缩短交货时间,在厂家提供的保修时间外要求提供时间更长的免费维修服务,更换付款方式减少定金、延长分期付款时间等等。在商务谈判停滞不前时,谈判者如果对市场有较为全面的了解,在自己接受并满足对方利益的基础上,在一定程度上可以采取让步对策,同时,提出有利于己方的要求,缓和谈判气氛,达成双方都满意的协议。假如己方退让能够达成协议，并且所取得的利益远远高于谈判失败而产生的利益，那么就不用坚持原有的观点，可以做出适当的让步。

9. 以硬碰硬

己方是否采取相互体谅、和气商量的方式来解决谈判僵局问题，要认真分析谈判僵局是如何引起的。如果对方故意制造僵局，给己方制造压力，己方在能接受的范围内让步，而对方仍然不接受，而且咄咄逼人，那么己方就不应继续让步，而是要强力反击，揭露对方故意制造僵局的企图，迫使对方放弃无理要求或者己方不能满足的要求，其实对手也不愿意谈判破裂，所以，他们会降低需求，促成协议的达成。己方还可愤怒地离开谈判会场，告诉对方不让步、不妥协的决心。谈判中常用的以硬碰硬的方法有以下几种。

(1) 据理力争。当对方提出无理要求或者涉及原则的要求时，己方要坚定地拒绝对方，并且表明己方的决心。假如对方不占理，己方就不要接受对方提出的任何方案，应该据理力争，让对方自知观点站不住脚，做出相应的让步。

(2) 利益矛盾。对方内部产生歧义时，也会导致谈判停滞不前，己方应该抓住这一机会，加剧其内部矛盾，对方处境就越来越尴尬，己方就可以渔翁得利。

(3) 抓住要害。在商务谈判中，谈判者要能够分析出问题的根本原因。如果只是纠结问题表面现象，那么会使谈判争执不断，简单问题复杂化，破坏友好、和谐的谈判气氛，更严重地对方会在交谈中找出己方的问题，使己方处于劣势。所以，解决谈判僵局的有效方法是找出问题的根本原因，治其根本。

(4) 拔本塞源。当谈判停滞不前时，己方故意坚持自己的立场，并告诉对方这是自己的底线，不能让步或者妥协，以示要求对方让步，如果对方不同意，谈判只能以失败告终，不过，这种方法存在一定的风险。双方的利益需求在合理的范围内是使用该方法的前提。只有不触碰对方的底线，才能让对方进行适当的让步，放弃一部分利益，促成协议。否则，如果双方的利益需求超出合理范围，对方无法接受让步的要求，那么这种方法绝对不能使用，一旦使用很可能导致谈判的失败。只有当己方没有任何办法缓和僵局时，才能用这一方法，不过，在使用前谈判者要做好心理准备，那就是谈判对方坚决不让步，己方就得接受谈判失败的事实。当己方能够找到其他方法或者没有做好心理准备时，绝对不能运用这一方法，后果就是谈判失败。除此之外，如果这一方法奏效，那么己方就得与对方签合同，并履行合同义务。

(5) 欲擒故纵。面对谈判僵局，有时还可以巧用欲擒故纵的方法，主动提出放弃进一步谈判或合作。这时，对方很有可能做出妥协和让步，放弃原来的过分要求。

谈判人员的综合素质，如社会经验、知识储备、直观感觉、辩证思维、应变能力等决定了商务谈判的僵局能否顺利化解。所以，谈判具有科学性和艺术性。在谈判前的策略分析、研究和制定具有一定的科学性；当谈判时，如何运用制定好的策略，展现了谈判的艺术性。谈判当事人根据当时的情形和谈判走势，决定如何运用谈判策略。不同的僵局可以运用一种策略，某种策略缓和了这一种僵局，但是在类似僵局出现时，这种策略就不一定奏效。

策略因僵局情况不同和谈判人不同，而产生的效果不同。策略是否奏效，由谈判者综合素质的高低决定。如果谈判者社会经验丰富、知识渊博、应变能力强、心理素质过硬，对策略掌控和拿捏恰到好处，那么谈判者往往能够顺利地解决谈判僵局问题，促进谈判有序进行，双方最终达成协议。

四、处理僵局的注意事项

(一) 避免僵局的形成

在谈判出现僵局的时候，要想妥善处理好僵局，不仅要分析原因，而且还要搞清分歧所在的环节及其具体内容，要认真研究突破僵局的具体策略和技巧，以便确定整体的行动方案，最终妥善地处理好谈判僵局。

1. 避免僵局的原则

妥善处理僵局的最有效途径是将形成僵局的因素消灭在萌芽状态。为此，应遵循以下几项原则。

(1) 坚持"闻过则喜"。谈判出现意见分歧是平常的事，提出反对意见，一方面是谈判顺利进行的障碍，另一方面也是对议题感兴趣或想达成协议的表示。

第五章 商务谈判中的技巧分析

因此,听到对方的反对意见要"闻过则喜",应诚恳地表示欢迎。问题的关键是,谈判双方在指导思想上都应坚持正确的谈判态度。提出反对意见者,说话要有充分依据,尊重对方;被提意见者,要谦虚,欢迎对方畅所欲言。

(2) 绝不因观点分歧而发生争吵。谈判既是智力的角逐,又是感情的交流。当谈判中的分歧较大时,双方都会不同程度地流露出各自的真实情感,即使是在理智的控制下,言谈都难免会出现一些冷嘲热讽的现象,甚至产生情绪上的对立。为此,谈判者必须有较强的自控能力,防止争论变为争吵,不要为观点分歧的争论而出言不逊,注意语言的委婉性、艺术性,以充分的理由强化说服力。同时,应注意对方的情绪变化,分析其心理状态,因势利导,寻求解决分歧问题的途径,使谈判得以顺利进行。

(3) 了解各国商人的特点,做好谈判前的准备工作。国际商务谈判中,要面对的谈判对象来自不同的国家或地区。世界各国的政治经济制度不同,各民族间有着迥然不同的历史、文化传统,各国客商的文化背景和价值观念也存在着明显的差异。因此,他们在商务谈判中的风格也各不相同。

2. 建立互惠式谈判

所谓"互惠式谈判",是指谈判双方都要认定自身的需要和对方的需要,然后共同探讨满足双方需要的一切有效的途径与办法,即谈判者应视对方为解决问题的合作者,而不是对手。

谈判者对于谈判对手所提供的资料应采取审慎的态度,谈判中,谈判者要态度温和,眼光紧盯在利益目标上,而不是在不同立场上的纠缠,双方要寻求共同利益,而不是单纯从自身利益考虑。为了使互惠式谈判能够有效地开展,可以采用"多头并进"的谈判方法。多头并进,就是同时议论有待解决的各个项目,如价格、付款条件、交货条件以及售后服务等。这种做法尽管进展缓慢,但是可以减轻谈判者的压力,有利于避免僵局。采取单项深入式的谈判时,每次只集中讨论一个项目,待这个项目双方认定达成协议之后,再转到另一个项目。这种谈判方法虽然进度快,但是各个项目之间缺乏呼应,易使谈判双方承受较大的压力,导致谈判陷入僵局。互惠式谈判的核心是，谈判双方既要考虑自己的利益，也要兼顾对方的利益，是平等合作式的谈判。

(二) 处理潜在僵局的策略

潜在僵局是指僵局还没有完全暴露，只是处在萌芽状态，这时若处理得当，僵局就不会发展到影响谈判继续进行的程度。

1. 间接处理法

所谓"间接处理法"，就是谈判者借助有关事项和理由委婉地否定对方的意见。具体办法有以下几种。

(1) 先肯定局部，后全盘否定。谈判者对于对方的意见和观点持不同看法或是发生分歧时，在发言中首先应对对方的观点和意见中的一部分略加承认，然后引入有关信息和充分的理由，间接委婉地予以否定。

(2) 先利用后转化，用对方的意见说服对方。这是指谈判一方直接或间接利用对方的意见说服对方，促使其改变观点。

(3) 先重复对方的意见，后削弱。这种做法是谈判人员先用比较婉转的语气，把对方的反对意见复述一遍，再回答。复述的原意不能改变，文字或顺序可改变。运用这种方法时，要注意研究对方的心理活动、承受能力，要因时、因人、因事而异，不能机械地套用。

上述方法对解决潜在僵局是行之有效的。但是，由于它们本身都具有一定的局限性，在使用时，要结合实际谈判过程的具体情况，权衡利弊，视需要而定，切忌不分对象、场合、时间而千篇一律地使用。

2. 直接处理法

直接处理法是直接答复对方反对意见的一种处理方法，一般可采用的技巧有如下几种。

(1) 列举事实。事实和有关的依据、资料、文献等具有客观标准性，因而如果在谈判过程中大量引进，能使对方改变初衷或削弱其反对意见。然而，采用列举事实法时,切忌引入复杂的数据和冗长的文件。

(2) 以理服人。即用理由充分的语言和严密的逻辑推理影响或说服对方。但是,在运用时,也要考虑对方的感情和面子问题。

(3) 以情动人。人人都有恻隐之心。当谈判中出现僵局时,一方可在不失国格、人格的前提下,稍施伎俩。

(4) 归纳概括。这种方法是谈判人员将对方提出的各种反对意见归纳整理、集中概括为一种,或者把几条反对意见放在同一时刻讨论,有针对性地加以解释和说明,从而起到削弱对方观点与意见的效果。这样,针对性强,说服力强,可以把对方的疑虑及早消除,有利于避免出现僵局。

(5) 反问劝导。谈判中,常常会出现莫名其妙的压抑气氛,这就是陷入僵局的苗头。这时,谈判人员适当运用反问法,以对方的意见反问对方,可以防止谈判陷入僵局,而且能够有效地劝说对方。

第三节 应对敌意性商务谈判的技巧

带有敌意性的谈判主要是谈判对手给予的威胁,实际上就是施加压力,这是在谈判中用得最多的战术。因为威胁很容易操作,它比说服要容易得多。威胁只要几句话即可,而且不需要兑现,因此许多谈判人员都会自觉或不自觉地使用威胁手段。

一、威胁的分类

在实际谈判中,谈判人员采用的威胁方式、方法很多,大体有以下几个类别。

(一) 按威胁的表现分类

按威胁的表现分类可分为以下几类。

(1) 强烈、直接的威胁。这种威胁虽然能够引起对方的关注并且加剧其不安和恐惧,但同时也会使对方产生更加强烈的逆反心理,所以效果反而比较差。

(2) 中间型的威胁。这种威胁是介于强烈与轻微、直接与间接之间的一种类型。

(3) 轻微、间接的威胁。

通过心理实验发现，在上述三种威胁方式中，第三种即"轻微、间接的威胁"的效果最明显。

(二) 按威胁的方式分类

按威胁的方式分类可分为以下三类。

(1) 语言威胁。也就是直接运用语言威胁对方。

(2) 行动威胁。这是一种直接向对方显示自己力量的威胁方式。

(3) 人身攻击。它的第一种表现是，愤怒的一方面红耳赤，大肆指责谩骂另一方，有的人还可能拍桌子、高声叫喊。这种做法的目的就是试图通过激烈的对抗方式向对方施加压力，迫使对方屈服。第二种表现是，一方寻找各种讽刺挖苦的语言嘲笑对方、羞辱对方，从而使对方陷入尴尬难堪的境地。这种手段有时可能达到目的，但更多的情况还是把对方推到自己的对立面，使谈判变得更加困难。第三种表现是，一方采用或明或暗的方式，使另一方产生身体上、心理上的不适感，另一方为了消除这种不适而向对手屈服。

(三) 按威胁的性质分类

按威胁的性质分类可分为：①经济的威胁。如果协议没有达成，就会增加单方或双方的成本，还会减少单方或双方的利润。②法律的威胁。如果协议没有达成，就要运用制裁或法律禁令来阻止对方采取行动或拖延谈判进程。③感情的威胁。如果对方不做出让步，就会使对方从情感上感到愧疚，或者会影响双方的感情和友谊。

二、对付威胁的策略

在谈判中，对付威胁常用的策略主要有以下五种。

(1) 无视威胁，对其不予理睬。

(2) 将对方的威胁看成是开玩笑，表示对其不予关心。

(3) 告诉对方不能在威胁下进行谈判，己方只有在对方能够证明接受这样的条件能给己方带来好处时才可能做出让步。同时，还要看有无其他选择。

(4) 向对方表示威胁对己方毫无损害，同时指出对方施加威胁自身也是有风险的。

(5) 以威胁反击，同时警告对方，如果双方谈不妥，局面会更加难堪。

第四节　网络商务谈判技巧

网络商务谈判是借助于互联网进行协商与对话的一种特殊的书面谈判。这种谈判方式为买卖双方的沟通提供了丰富的信息和低廉的沟通成本，所以具有强大的吸引力，也是社会发展的必然。

一、网络商务谈判的特点

网络商务谈判的特点主要有以下几点。

(1) 加强信息交流。网络谈判既有电话谈判快速、联系广泛的特点，又有函电内容全面丰富、可以备查的特点，可以使企业、客户及时掌握他们需要的最新信息。此外，还有利于增加贸易机会、开拓新市场。它还有一个特点就是它所提供的是全天候与客户交流沟通的沟通方式，因此可以在很大程度上改善与客户的关系。

(2) 既降低成本，又有利于慎重决策。采用网络谈判方式，谈判人员无须四处奔跑，只需向国内外企业发出 E-mail，可以分析比较不同客户的回函，从中选出对自己最有利的协议条件，从而使企业节省人员开销、差旅费、招待费、管理费等多项费用支出，甚至比一般通信费用还要省得多，大大降低谈判成本。

(3) 提高谈判效率。进行网络谈判，由于具体的谈判人员互不见面，他们各自代表的是自己的企业，因此双方可以不考虑谈判人员的身份，不去揣摩对方的性格，只要把主要精力集中在己方条件的洽谈上，避免因谈判者的级别、身份不对等因素而影响谈判的开展和交易的达成即可。

二、网络商务谈判的注意事项

网络商务谈判应注意以下几个问题，以保证网络谈判的顺利进行。

(1) 加强与客户关系的维系。由于互联网是公开的大众媒体，使用网上谈判意味着与客户、合作伙伴关系的公开化。竞争对手随时可以通过互联网了解有关信息，甚至有可能抢走客户，所以借助互联网进行谈判还应注意与客户感情的培养，提高服务水准，以便更好地与客户、合作伙伴保持密切关系。

(2) 加强网络谈判人才的培养。实行网络谈判，既需要谈判人员具有商务知识与谈判技巧，又需要具有互联网知识。

(3) 加强资料的存档保管工作。互联网易受到病毒侵扰，甚至遭到黑客攻击，一旦发生类似情况，谈判双方的关系往往会受到影响，甚至会丧失合作机会，无法落实谈判方案。因此，在网络谈判的过程中谈判信息要及时保存，形成文字，以备存查。

(4) 必须签订合同。网络谈判达成的成交协议一经确认或接受，即可认为是合约的成立，应按要求签字确认。

第五节　商务谈判风险的规避措施

一、商务谈判风险的分类

商务谈判中的风险，主要分为人员风险和非人员风险两大类。这种分类是为了进一步探究各种风险的原因、特征、具体内容以及可能造成的损害，以此为找出相应的对策提供必要的参考条件。

第五章　商务谈判中的技巧分析

(一) 人员风险

1. 素质风险

商务活动的参与者的素质欠佳往往会给谈判造成不必要的损失，我们将造成这种损失的可能称之为"素质风险"。商务谈判中的人员风险主要是受人员素质的影响。从根本上说，各种状况的技术风险，都是因为人员素质欠佳造成的。这些现象，客观地反映商务活动参与者包括谈判人员的经验不足，谈判水平、管理水平亟待提高的事实。另外，在项目实施与管理过程中表现出来的人员内在素质的缺陷，在很多情况下也构成对商务合作潜在利益的威胁。

有的谈判人员，在谈判过程中总是表现出急躁情绪，或者迟缓犹豫、拖泥带水，这都不利于真正把握时机，争取最大利益。事实上，造成这种风险，固然有谈判人员先天性格的因素，但更主要的是谈判作风方面的问题。有些谈判人员，不敢负起应有的责任，一遇到来自对方的压力，或者来自自己上司的压力，就感到难以适从，不能自主。具体表现为：有时在未与对方充分交涉、协商的情况下，就匆忙做出承诺，使经过努力争取便可以获取更大利益的局面丧失殆尽；有时则久拖不决，不从工作实际出发，而是沉湎于考虑谈判结果对于个人进退得失的影响，不能为己方争取更有吸引力的合作前景。有的谈判人员刚愎自用，自我表现欲望过强，在谈判中坚持一切都要以他自己的建议为合作条件，寸步不让，令合作伙伴不得不知难而退。

在商务活动中，由于谈判人员缺乏必需的知识，又没有充分地做调查研究，再加上不能虚心地向专家请教，也会带来很多的隐患。因此，在商务活动中，谈判人员要牢固树立风险意识，积累实践经验，悉心观察，虚心求教，以便降低风险的发生概率。

2. 技术风险

在谈判中，所要考虑的各类技术问题十分广泛，其中不仅有项目的技术工艺要求，而且还有项目管理的技术问题。从广义上来理解，谈判中的技术风险所反映的内容很多，主要包括过分奢求引起的风险、选择合作伙伴不当所引起的风险、强迫性要求造成的风险等。在涉及引进技术、引进设备等项目的谈判中，引进方经常不适当地提出过高的技术指标。这种情况，对于发展中国家来说比较普遍，参与谈判的工程技术人员，总认为对方提供的技术越先进、越完善、功能越齐全越好，就是说对技术过分奢求。在与外方进行的项目合作中，在向对方提出任何技术要求时，都要有承受相应费用的准备。而且要清醒地意识到，费用的上升幅度有时会大大超过技术功能及精度提高的幅度。然而，事后却发现，这些要求中有相当一部分在实际运用中是根本不需要的。

（二）非人员风险

非人员风险主要有国际上的政治风险、市场风险、自然风险等，本书仅针对市场风险进行详细论述。

(1) 利率风险。20世纪70年代以后，在国际金融市场上普遍实行浮动利率制。尤其是近年来，国际金融市场的剧烈动荡，使利率的波动更加频繁，利率风险已经成为两大金融风险之一。利率风险是指在未来资金筹集或使用的单位或个人对资金的价格——利率存在不确定性，从而使最终预测结果有所改变而造成的某种损失。利率风险的产生通常表现在以下两种情况下：①在借入资金的条件下，预期的利率若是高于到期时的实际利率水平，就有可能会预先确定较高的偿还利率水平；②在贷出资金的条件下，高估预期的利率会使到期资金的实际收益价值降低，增加机会成本，也会造成利率风险。

(2) 外汇风险。外汇风险是指一个经济实体或个人，在国际经济、贸易、金融等活动中，以外币计价的资产或负债因外汇汇率的变动而价值上升或下降所造成的损益的可能性。外汇风险的结果有两种，即或是得到收益，或是遭受损失。因为各国使用的货币不同，而各国货币的汇率又变化无常，所以从事对外贸易、投资以及国际金融活动的公司、企业、个人或政府，在国际范围内收付大量的外币，或者以外币表示其财产和负债的价值，或者保有外币债权或债务都会产生外汇风险。在国际贸易、国际借贷、国际储备的管理与经营等国际经济活动中，外汇风险必然会涉及交易双方的经济利益，因此各国外贸企业、外汇银行在其经营活动中，都把避免外汇风险作为管理外汇财产的一个重要方面。

外汇风险的类型主要有以下四类。

1) 经济风险，又称经营风险，它是指意料之外的汇率变动通过影响企业生产销售数量、价格和成本，引起企业未来一定时期收益或现金流量减少的一种潜在可能性。在这里，收益主要是指税后利润，现金流量是指收益加上折旧额。收益和现金流量是两个用来衡量企业赢利状况的常用指标。汇率的变动往往影响企业的生产成本、销售价格，进而引起产销数量的调整，由此带来最终赢利的变化。值得注意的是，经济风险中的汇率变动指的是意料之外的汇率变动，而并不包括意料之中的汇率变动。因为企业在预测未来的获利状况，并据此进行决策时，通常已经将意料之中的外汇风险考虑进去，所以它并不构成一种风险。对于一个企业而言，经济风险总是比其他风险都更为重要，因为经济风险的影响是长期的，而其他风险的影响只是一次性的。

2) 评价风险，又称会计风险，是指一个经济主体在对资产负债表进行处理中，对以外币标价的经济交易用本币进行评价而产生的账面损益的差异。由于一般的企业都采用本国货币作为汇账本位币，以此来表示一定时期的经营状况，因此以外币表示的资产或者负债的项目，在结算时必须将其折算成本国货币来表示，进而加以评价。由于在进行货币转换时较其发生时所适用的汇率不同，因此资产负债表中的某些项目的价值也会发生相应的变动。

3) 外汇买卖风险，指由于进行本国货币与外国货币的交换而发生的外汇风险。这种风险是以一度地买进或卖出外汇，而将来又必须反过来卖出或买进外汇为前提的。以外汇买卖为业务的外汇银行负担的风险主要为外汇买卖风险。而银行以外的企业在以外币进行贷款或借款和伴随外币而进行的外汇交易时，也会发生同样的风险。

4) 外汇交易风险，指在以外币计价的贸易或资本项目的交易中，因汇率变动而使经济主体蒙受损失的可能性。交易风险主要是伴随着商品资本买卖的外汇转移而发生的，而并不是外汇买卖本身发生的风险。

(3) 信用证方式风险。信用证方式虽然能够容易被买卖双方共同接受，但是由于它所共有的特性经常被不法分子行骗所利用，在客观上也存在着一系列的风险。如果从出口方的角度来看，信用证方式的风险主要表现在以下5个方面。

1) 信用证规定的要求与有关的国家法律规定或有关部门的规定不一致。在实践中，进口商开具的信用证表面上看可能非常有利于卖方的条件，但是出单的有关国家或主管部门的规定却不允许信用证上的有利条件得以实现。

2) 进口商不依合同开证。由于各种原因，进口商不依照合同开证，因此使得合同执行发生困难，或者使出口商蒙受额外的损失。最常见的情况是：在市场变化频繁和外汇、进口管制严格的情况下，进口商不按期开证；进口商在信用证中添加一些对自己有利的附加条款(如增加商业保险金额、变换目的地港等)；进口商在信用证中添加出许多限制性的条款。

3) 进口商伪造信用证。进口商使用非法的手段伪造信用证，或者窃取其他银行已经印好的空白格式信用证，或者与已经倒闭或濒临破产的银行的职员相勾结，开出伪造信用证，出口商一旦稍有疏漏就会导致货、款两空。

4) 进口商故意设置障碍。进口商通常利用信用证"严格一致"的原则，蓄意在信用证中添加一些让人难以履行的条件，或者故意设置一些陷阱，如规定不明确、条款内容相互矛盾等。

5) 涂改信用证诈骗。进口商将过期失效的信用证刻意涂改，变更原证的金额、装船期和受益人名称，然后直接邮寄或面交受益人，以骗取出口货物，或者使出口方给进口商开立信用证，以此来骗取银行融资。

(4) 海运提单风险。海运提单是承运人签发给托运人的货物收据，它是货物所有权的凭证。在国际商务活动中，由于环节太多使得提单风险变得越来越多，概括起来，海运提单风险主要有以下两种情况。

1) 伪造提单。在信用证贸易中，银行通常只根据信用证付款，而不审查提单和信用证的来源以及它们的真实性。一些不法分子就是利用了信用证贸易中的这一法律空子伪造提单，从而骗取买方付出货款。

2) 倒签和预借提单。提单的签发日期应当是货物装船后的真实日期，有些托运人为了使提单的签发日期符合信用证的要求，顺利结汇，往往采用倒签或预借提单的方法。然而，此举对收货人来说，则构成合谋欺诈，可能使供货和收货人都蒙受巨大的损失。同时，法律规定，非法签发的提单不具有法律效力，这就使当事人的合同争议转变成侵权纠纷。

二、商务谈判风险规避措施

在商务谈判中体现上述风险规避思想的具体措施，主要有以下几方面。

（一）审时度势

一个谈判人员是否能做到审时度势，当机立断，很大程度上取决于其心理素质的优劣和谈判的准备是否充分。然而实际情况往往是纷繁复杂的，要进行反复比较，做出最佳选择通常是非常困难的。现实中很少存在对某一事务绝对的最佳方案。即使人们付出大量的时间、精力、钱财，经过反复研究、演算、论证找到一个非常理想的方案，似乎据此就可以做出最优的决策，但事实上，却极有可能由于决策成本过高或者由于贻误时机，最终使这种决策丧失其优化的特性，甚至还可能变得一文不值。商务谈判既不可以急于求成，也不能当断不断。有些外商正是利用我们有求于对方的心理，在谈判中提出苛刻的条件。如果谈判人员急于求成，就要承受价格不合理的风险；反之，如果在谈判中优柔寡断，总想把方方面面的情况，包括各种细微之处都考虑得十分周全，而后再做决策，那就有承受失去合作机会的风险。在商务谈判中，对一些影响全局的具体问题当然要谨慎而细致地反复推敲权衡，但是在总体上不能过于计较细节。一旦条件基本成熟，就应该当机立断，尤其大项目的谈判更应如此。

（二）请教专家

即使一个商务谈判人员的知识面再广，整个商务谈判团队的知识结构再合理，也难免会有一些缺漏，特别是对于某些专业方面的问题，总难免会缺乏全面的把握和深刻的了解。因此请教专家、聘请专家顾问，通常是商务谈判取得成功的必不可少的条件。专家可以帮助谈判人员了解客观环境。比如，对外承包工程，预先向专家求教当地的地理环境和气候条件等对施工的影响，很有利于规避工程项目的自然灾害风险。

在选择合作伙伴时主动征询专家的意见，既可以是国内的有关专业外贸公司或同行业企业，也可以是项目所涉及的有关国家的政府部门、行业机构，还可以是国内外金融机构、外国驻我国使领馆以及我国驻外使领馆等。尤其值得一提的是，以往人们不太重视从银行渠道获得开展商务活动所需要的信息，事实上，金融机构因它们之间频繁的业务往来已经成为各种商务信息的天然集散地。政治风险、自然灾害风险虽然难以被预测，但如果请教有关方面的专家也能得到有价值的信息与启发。

所以，企业到海外投资，一定要请国际政治问题专家来帮助考证当地政治环境是否稳定，该国家与周边国家和地区关系的状况如何等；企业与国外大公司、金融财团合作，一定要先向有关专家咨询，搞清楚他们与该国政府、议会之间的关系；为国外客商发射通信卫星前，一定要请气象专家科学预测在计划发射的时间内的气象变化趋势，并请他们参与发射方案的制订。或许专家不能保证完全消除这些风险，但是总会比外行更了解这些风险，而这也正是商务谈判人员所需要的。

（三）提高人员的修养

在商务合作过程中，可以说风险无处不在、无时不有。谈判主题一经明确，谈判人员一经确定，那么风险也就随之形成。因此，谈判人员的挑选必须依照一定的素质要求，从严掌握。虽然不可能在这些候选人完全符合标准之后，才允许他们走上谈判席，但是由于商务谈判，特别是涉外谈判的责任重大，就不得不对谈判人员，尤其是首席谈判代表提出严格的要求。被选定的谈判人员应当是以事业为重、有较强的自我控制能力、不图虚荣、敢于负责、知识面广、谦虚好学的人。这样，人员素质的风险才可能得到避免或减少。

（四）利用技术手段

(1) 对等贸易法。对等贸易法是一种将进口与出口联系起来，进行货物交换的贸易方法。对等贸易法的具体形式很多，其中能够比较好地避免外汇风险的有易货贸易、清算协定贸易以及转手贸易。

第五章 商务谈判中的技巧分析

(2) 外汇期权交易。外汇期权交易就是买卖双方以签订协议的形式，明确规定"期权的买方"有以下一些选择权利：根据市场汇率情况，到期放弃买卖权利，让协议过期作废，只承担预付的期权费用的损失；或者到期按照协议汇价，购进或卖出规定数量的某种外币进行交割。外汇期权交易在当今的外汇市场颇为流行，原因就是这种交易可以使企业只支付很少的费用就能得到无限的收益。

(3) 利用"福费廷"交易。"福费廷"就是在延期付款的大型设备进口中，出口商把经进口商承兑的期限在半年以上到五六年的远期汇票无追索权地向出口商所在地银行(或大金融公司)进行贴现，从而提前取得现款的一种融资形式。"福费廷"是出口信贷的一种类型，由于办理"福费廷"所贴现的票据不能对出票人有追索权，实际上出口商在贴现这种票据时是一种买断，以后票据拒付与出口商无关，因此出口商将拒付的风险完全转嫁给了银行。这是"福费廷"交易与一般贴现的最大区别所在。

通过这项业务，出口商与进口商的信贷交易就变成现金交易，这使出口商不仅能够立即获得现金，而且还可以将面临的外汇风险转嫁给经办这项业务的银行，从而使出口商可以不受汇率变动与债务人情况变化的影响。但是，由于"福费廷"公司承担各种风险，因此其费用也是较高的，"福费廷"交易的贴现率是参照欧洲货币市场的有关利率再加上国家风险和外汇风险等费用来计算的。

(4) 平衡抵消法。平衡抵消法是指在对外经贸活动中，按照使用货币的不同，使货币的收支数额达到或接近平衡，以抵消或减轻汇率变动的风险。抵消法又分为单项平衡法和综合平衡法。

1) 单项平衡法是指一个单位以外汇借款来引进技术设备或扩大产品出口时，力争使借款的外汇、进口支付的外汇和产品出口收入的外汇，都使用同一种外币，以避免汇率风险和利率风险。例如，一家生产出口产品的工厂，因准备扩大再生产而进行技术改造。该企业从银行借入一笔美元贷款进口设备，为了避免汇率风险，就应当力争在进口设备时也使用美元；在设备安装投产后，产品出口销售时，也要争取使用美元；最后用出口收汇所得美元偿还贷款本息。从借款、引进、出口再到还款过程的每一个环节的外汇收支，都以同一种货币进行，就可以避免套汇，自然也就消除外汇风险。

2) 综合平衡法是指一种货币汇率上升或下跌时，必然出现另一种货币汇率的相反变化，即下跌或上升。例如，美元对日元汇价的下跌便意味着日元对美元汇价的上升。如果单纯地使用其中一种货币，就必将承担汇率风险。因此，一个单位在同一时期的出口业务中，在力争多收日元(硬货币)的同时，也要适当做一些以美元(软货币)计价收汇的出口业务。这样，日元汇率上升所获得的收益，就可以弥补美元下跌的汇率损失，美元下跌的汇率风险就被抵消了，这种做法就是出口的综合平衡法。

与此同时，假设一个企业在美元下跌时，成交一笔以美元收汇的出口业务，该企业显然是要承受汇率风险的。不过，如果它能在一笔金额相当的进口业务中，争取以美元向对方付款，出口收入和进口支付均以美元衡量，就可以抵消汇率风险，这种做法就是进出口综合平衡法。

综合平衡法显然比单项平衡法更富有灵活性。综合平衡法不仅可以在一个单位内进行，而且还可以扩大到在一个系统、一个地区的范围内进行。可以说，只要各种对外交易收付的外币种类、金额以及收付的期限等能得以有效地搭配、运用得当，那么在防范外汇风险上就有可能取得明显的效果。

(5) 远期外汇买卖。远期外汇买卖可以起到防范汇率风险的作用。通常情况下，在对外经济贸易中，交易的双方在一笔交易成交以后，为了使定期应收的外汇或应付的外汇，不受到将来汇率变动的影响，使预定成本或收益能够得以实现，经常采取这种做法。

具体来说，就是在合同签订之日，按照6个月的远期汇率，将6个月的到期应收进的外汇在外汇市场上售出或者将6个月的到期应付的外汇在市场上买入，在远期合同到期之前，无论汇率怎样变化，都按照合同规定的汇率办理交割。通过远期外汇买卖，虽然付出的只是有限的远期交易的费用，却能够有效地防范汇率波动的风险而避免损失。

(6) 出口、资本输出争取用硬货币。进口、资本输入争取用软货币。出口商或债权人若是争取以硬货币作为合同货币，当合同货币的汇率在结算或者清偿时升值，就可以兑换回更多的本国货币或其他货币。同样，进口商或者债务人若是争取以软货币作为合同货币，当合同货币的汇率在结算或者清偿时贬值，就可以少支付一些本国货币或其他货币。这一方法的实质在于将汇率变动的损失转给对方。然而，这种方法其实并不一定能保证免遭汇率变动的损失。

(7) 经营的多样化。经营的多样化具体包括经营项目的多样化和经营地点的多样化两方面的含义，这里主要指的是国际经营多样化。在各国经济发展发生不均衡时，人们通过国际经营多样化有可能及时了解这种情况，进而对它做出有竞争力的反应，而且还能够较为及时地发现各国的货币购买力之间的差异，并对各种情况做出积极的反应。客观地说，各国的货币汇率的变动是不可避免的，然而通过国际经营的多样化，就可以使所有这些由汇率变动引起的风险相互抵消，并使其总和趋向于极小化。

(8) 谨慎选择贸易伙伴。在国际贸易中，对客户的资信情况进行全面的了解，无疑是保障业务顺利进行的先决条件。资信情况好主要包括两个方面。①有相当可观的资产，而且经营状况良好，有履约的能力；②能够在诚实信用的原则上履约，不会肆意撕毁合同。在国际贸易中，要对客户提供的各种票据严格审查，防止欺诈行为。

(9) 风险的保险。风险的保险是指目前主要针对世界汇率、利率波动的保险。通常的做法是：投保者向保险公司提供有关证明，同时缴纳一定的费用，由保险公司对投保货币的汇率及利率的波动幅度加以规定。如果这种波动在规定的波动幅度内，保险公司可以对投保者遭受的损失予以赔偿，而对于超出规定幅度的损失，则不予以赔偿。如果因波动幅度超过规定幅度而带来的收益则归保险公司所有。出口商通过投保风险保险，即使用软货币对外成交，在一定幅度内出现的汇率损失，也是可以得到补偿的。当前，由于很多进出口商把风险转嫁给保险公司，这就可以在一定程度上促进进出口贸易的扩大。

(10) 谈判中货币的选择。结合我国的情况，商务人员在对外谈判中对外汇风险的处理应坚持以下3个原则：①选择可以自由兑换的货币；②货币的选择要与贸易相结合；③货币保值。货币保值也就是在交易谈判中，经过双方的协商，在合同中签订适当的保值条款(往往是在长期合同中)从而防止汇率多变的风险。因此，在国际支付中，常用的保值条款主要有黄金保值条款、以硬货币保值。

(11) 分散筹资。筹资的分散化策略的主要作用在于：可以通过借款货币结构与经营中预期收入货币结构相适应的方法，抵消交易风险和折算风险；可以分散战争、资金冻结和没收等政治风险；可以降低由于商业周期引起的现金流量的易变性；可以分散因为金融市场动荡所引起的证券风险等。

第六章 跨文化商务谈判研究

不同国家、不同地区有着不同的谈判风格,只有把握对方的价值观、思维方式、行为方式和心理特征,并巧妙地加以运用,才能掌握谈判的主动权,并取得预期成效。本章论述谈判风格的相关概念,分析世界各国的谈判风格,并对中西方的商务谈判风格进行比较研究。

第一节 谈判风格概述

所谓"谈判风格",是指谈判人员在谈判过程中,通过言行举止表现出来的,建立在其文化积淀基础上的,与对方谈判人员明显不同的,关于谈判的思想、策略和行为方式等的主要气质和作风特点。

"谈判风格"是谈判人员在谈判中通过行为、语言等表现出来的特质,不同国家、不同地区的谈判风格都具有一定的差异,谈判人员只有经历多种谈判后,对其谈判风格进行总结和改善,才能形成被他人认同的谈判风格。

一、谈判风格的特点

谈判风格的特点主要包括以下几方面。

(1) 对内的共同性。由于谈判风格受文化影响,所以处于同一地区或者是同一民族的谈判人员的谈判风格差异较小。

(2) 对外的独特性。所谓独特性,即在谈判中的群体或者是个人所表现出的独具特色的风格。群体是在社会中,因种种因素集合的人或物种。每个不同的群体都具有不同的文化,从而表现在群体间不同的谈判风格。同时,由于受到生活方式、文化背景等诸多因素的影响,群体中的个体之间谈判风格也各具特色。所以，谈判风格具有多样的表现形式。

(3) 成因的一致性。人的性格和其所处的文化背景息息相关，在不同的文化背景中，可以形成不同的性格，从而产生截然不同的谈判风格。每一个人都会在一定程度上被本地区的思维方式、价值观念等因素影响，在后天环境中逐步形成自身的个性与作风，并依照个性行事。

二、探究谈判风格的意义

在谈判前，对对手谈判风格的研究具有举足轻重的作用，甚至可以影响到谈判的成败。其具体作用表现如下。

(1) 营造良好的谈判气氛。熟悉对方风格有利于使己方谈判人员能够自信地面对谈判，并表现在得体大方的言行上，从而提升对方对己方的好感度，营造温馨轻松的谈判氛围。当谈判处于这样的氛围中时，对问题的深入探讨也就易如反掌。

(2) 为制定谈判谋略提供依据。当对对方的风格进行充分研究，深入了解其风格的表现形式、原因以及作用之后，才可以在谈判谋略的拟定上大显身手。谈判风格囊括了多个知识领域，比如社会、文化、地理、民俗、天文、经济、心理、政治等。谈判风格有助于谈判谋略的拟定，知识本身也对拟定谈判谋略具有十分显著的作用。

(3) 有助于提高谈判水平。通过对他人谈判风格的钻研、学习，对自身的谈判风格进行完善，充分汲取其他地区、民族、国家谈判风格中的精华，选择最适合自身的，学习并完善，使其逐步成为自身特有的谈判风格，提高自身的谈判水平。

第二节 世界各国的谈判风格

一、美洲商人的谈判风格探究

(一) 美国商人

美国在国际贸易中的占有重要地位，美国人独特的谈判风格也对世界具有较

第六章 跨文化商务谈判研究

大影响。把握和美国人的谈判机会,研究、学习以及掌握其谈判风格,对推动我国谈判水平、提高商务谈判的成功率具有极大意义。

1. 性格随意

美国人的性格比较外向,他们具有开朗、坦率、爽快、热情、不拘小节和幽默等特点。他们的行为、语言大多可以展现出他们的情绪。谈判中的美国人不论是在己方观点的陈述上,还是在对对方立场表明己方观点时,都可以直抒胸臆,直率地说出自己的想法。即使对对方的观点己方难以接受,美国人也会坦言相告。民族性、有创造力、勤奋和有活力是美国人的四个特征。

在谈判中,东方人倾向于用暗示来告知对方,他们认为直接拒绝会是没有顾及对方的脸面,可能会损害彼此之间的关系。东西方在谈判中的作为,看起来可能是风格相异,但是实际上却是文化相异的问题。在美国的历史上,很多拓荒者从欧洲到达美洲,冒着风险,以寻找自由、幸福,他们的开拓精神在美国流传,所以,美国人在现在仍有浓烈的进取精神。同时,美国人口具有很大的流动性,他们具有强烈的现代观念以及较高的开放程度,所以,传统的观念以及权威并不能左右美国人,他们的创新、竞争意识极强。

2. 自信且具有优越感

美国经济繁荣,科学技术水平高,经济实力强盛。他们的母语——英语更是国际谈判中的普遍用语。这些因素都导致美国人对国家、对民族具有强烈的自豪感,形成他们自信的谈判风格。

不仅在谈判风格上,他们的自信还体现在他们对公平合理原则的坚持上。美国人认为,当谈判双方进行交易时,谈判双方都对利益有所需求。所以他们也会提出一个相对合理的方案,使谈判双方共同获利。

美国人一般会采取以下谈判方式:①在谈判双方进行接触之前,他们会提前表明自身立场,将自己的方案展示出来,从而争取在谈判中的主动权;②在双方进行谈判时,美国人也会自信满满,语言肯定,计算精准。即使谈判双方出现分歧,美国人也会对对方的分析提出质疑,坚持己见。谈判场上的美国人信心十足,他们会直率地提出自己的意见，在气势上显得盛气凌人，而且他们也比较喜欢开玩笑。这种心态常常会使他们在谈判桌上形成一种优势，无论其年龄或资历如何，似乎不把对方放在眼里。但是美国人热情、激烈的谈判风格很容易感染谈判对手。因此，当面对美国谈判人员时，应对这点加以利用，营造轻松的谈判氛围，以助于取得谈判的成功。

3. 注重效率

由于美国高度发达且具有较快的生活节奏，导致美国人拥有强烈的时间观念，他们对活动效率十分在意。和美国人进行约会，无论是早到还是迟到都是很不礼貌的。当不能准时抵达约会地点时，也要及时通知对方并且表达歉意，不然会被认为没有诚意。

在谈判中，美国的谈判人员不喜欢拖沓，并且希望可以节省礼节时间，对谈判问题进行直接讨论，从而在一定程度上减少谈判时间。在谈判中，美国人常常认为一些国家的谈判人员工作效率低，而他们也认为美国人在谈判中十分缺乏耐心。所以，在和美国人进行谈判时，应尽可能地缩短谈判时间，在报价符合己方谈判预期时，可以考虑达成交易。

4. 注重实际利益

美国人往往以获取经济利益作为最终目标，更多考虑的是做生意所能带来的实际利益，而不是生意人之间的私人交情。美国人注重以智慧和谋略取胜，他们会讲得有理有据，从国内市场到国际市场的走势，甚至最终用户的心态等各个方面，劝说对方接受其价格要求。但是，他们一般不会漫天要价，也不喜欢别人漫天要价。美国商人对商品既重视质量，又重视包装。

美国人认为，双方获利是达成此次买卖的基本考量因素，双方的方案都应该尽可能地公平合理。因此，美国人并不适应中国人或者日本人在谈判上重视友情，从而迁就谈判对手的做法。

5. 办事干脆利落

谈判中的美国人神采奕奕、头脑灵活，善于将一般沟通引导到实质谈判中，对谈判问题进行连续不断讨论，乐于以积极的态度谋求自己的利益。美国人会对谈判时间进行合理科学规划，依照谈判阶段进行谈判，并且逐项进行谈判，从而将整个谈判完成。

美国人这种按照合同条款逐项进行讨论，解决一项，推进一项，直到最后完成整个协定的逐项议价方式，被称为"美式谈判"。美国人经常以最后期限为由以加大对手压力，使对手迫不得已进行让步。正因为美国人具有干脆的态度，与美国人谈判，表达意见要直接。当己方难以接受美国的协议条款时，也应明确告知，以免他们心存希望。

6. 希望对手态度诚恳

即使谈判双方在谈判中经历了激烈的辩论，但是只要己方的态度足够真诚、足够诚恳，美国人就不会介怀。但是，在谈判时绝不能点名批评某某人或公司。美国人会认为，这种行为会对其他人的人格造成损害。比如，不要直接对某人的纰漏或者是公司的纰漏进行指责，这是一种蔑视的行为。

7. 法律意识根深蒂固

美国人口的高度流动性，使他们彼此之间无法建立稳固的持久关系，因而只能将不以人际关系为转移的契约作为保障生存和利益的有效手段。他们这种法律观念在商业交易中也表现得十分明显。

生意场上的欺诈现象比较常见，美国人也会提前进行防范。当要进行商务谈判时，他们会携带律师，同时也会多次提醒对方遵守承诺。当产生纠纷时，他们会依靠法律手段解决。合同一旦签订，美国人会认真履约，不会轻易变更或放弃。

8. 尊重个人的作用

美国人对角色等级具有较低要求，他们注重个人作用，看重个人责任。无论是在美国的企业中，还是在谈判队伍中，往往是由少数人进行。尤其是在谈判中，美国的谈判人员在一般情况下不会高于七人，人数较多的代表团极为少见。而在代表团中，可以进行决策的人也仅有一个人或是两个人，他们对问题具有决策权。

9. 不同地域的处事风格

上述特点仅是一些普遍性特点，由于美国所处地域辽阔，具有较多种族，也导致美国人的行为习惯和谈判方式存在较大差异性，但是这有利于对其进行分别研究。

美国中西部地区以汽车、电机、钢铁工业和制造业为主，是美国工业的心脏。该地区的人比较保守，同时又比较和蔼和朴素，易于交往。如果在准备与他们做生意之前就常以朋友的身份款待他们，日后与他们进行商业谈判时，会收到很好的效果。中西部地区有个商业习惯，每年9月到11月是黄金采购时间，他们往往把一年所需的货物集中在这个时候一次采购。因此，和他们做生意要注意，不要错过这段时间。

美国的东部，特别是以纽约等大城市为中心的东北部，是美国现代文明的发祥地，200多年来一直处于美国政治、经济、金融、贸易活动的中心地位。这一地区现代文明发达，在全球经济中站稳脚跟。这一地区的谈判人员的谈判会依照国际规则进行，比较严谨，同时不会放过每一份利益。所以，在和他们进行谈判时，谈判合同千万要注意，以免给予他们可乘之机，使其在市场变化不利于他们的情况下，在合同中寻找到毁约的理由。

美国南部地区的人比较和蔼可亲，他们直爽无欺，但是有时稍显急躁。谈判时要注意：如果在谈判桌上他们气势汹汹、言辞激烈，千万要沉得住气，向他们对这一问题进行解释。当倾听完你的解释之后，他们也会理解你并且再次进行商谈。美国南方人的保守性格造成他们缓慢的谈判节奏，如果想和他们形成合作关系，则需要较长时间。

（二）加拿大商人

加拿大经济比较发达，外贸总额约占国民生产总值的1/3左右，但是其对外贸易额的2/3左右是与美国进行的。加拿大的出口商品主要是汽车、原油、小麦、木材、纸浆、矿产品、面粉等。进口商品主要是机器、石油产品、电器设备和纺织品等。加拿大的绝大部分工业集中在安大略和魁北克两省，尤以蒙特利尔和多

第六章　跨文化商务谈判研究

伦多两城市的工商业最为发达。此外，温哥华的运输和贸易也很发达。该城市是加拿大距离亚洲最近的港口，是加拿大每年定期举行国际贸易博览会的地点。

1. 性格特点

加拿大是个移民国家，民族众多，各民族相互影响，文化彼此渗透。加拿大人的性格温和、开朗、友善且讲礼貌，他们对自由以及个性极为看重。加拿大商人相对比较保守，他们不喜欢上下浮动的价格，也不认同以降价的方式来增加销量。他们崇尚冰雪运动，也时常会以冰雕、滑雪等话题展开讨论。加拿大人避讳13这个数字，活动时间的安排也应尽量将这个数字避开。他们通常喜爱蓝色，在进行谈判时，可以拿上一份蓝色的礼品或是花朵给予他们，使其对己方产生好感。

加拿大居民大多数是英国和法国移民的后裔，在加拿大从事对外贸易的商人也主要是英国后裔和法国后裔。英国裔商人大多集中在多伦多和加拿大的西部地区，法国裔商人主要集中在魁北克。温哥华是华侨的主要聚居地。在温哥华商人中，华侨有一定势力，他们为我国与加拿大的商务合作起到桥梁作用。

2. 加拿大英裔商人与法裔商人的区别

英裔商人行事周密、谨慎，只有完全了解此次谈判的具体细节之后，才会答应对方的要求。而且，他们会建立一些障碍，阻碍谈判进程，对于对方的条件，他们也不会直接答应。所以在谈判过程中，对英裔商人一定要具有充足的耐心，对谈判也不要操之过急。但是，英裔商人一旦签订了谈判合同，基本上不会出现违约行为。

法裔商人在日常生活中蔼然可亲，但当他们处于谈判中，对问题进行探讨和争论时，他们就会变得捉摸不定，在这种状态下，很难和他们敲定具体的谈判结果。所以，耐性也是和法裔商人进行谈判的基本前提。法裔商人普遍认为，谈判合同的目的是为了签订主要条款，对于一些次要条款他们往往选择忽视，或将其放在签约之后再进行细细商榷。但是，出现问题的却也是那些次要条款。所以，在和法裔商人谈判时，要将合同条款拟定得更加细致、精准，以免在合同签订之后产生麻烦。

二、欧洲商人的谈判风格探究

(一) 英国商人

英国是最早的工业化国家,它的贸易早在17世纪就遍及世界各地,当时被称为"日不落帝国"。自19世纪以来,美国、德国的经济水平相继赶超英国。近年来,英国的经济增长率不高,经济实力增长不快,在资本主义世界中徘徊在第五位至第七位之间。英国商人的谈判风格主要有以下几方面。

(1) 性格谨慎。英国人相对内敛、缜密,他们不会轻易与他人进行交往,即使是本国人也如是。而且他们的感情内敛,很少外露,对别人的事情也很少打听,如果没有经过介绍则不会和陌生人进行交流。因此,在外国人眼中,英国人具有孤高的形象,难以接近。在谈判的初次接触中,英国人一般会与谈判对手保持一定距离,绝不轻易表露感情。

(2) 注重礼仪,有绅士风度。英国商人严格恪守社会公德,具备礼让精神,且举止风雅。无论身处何地,他们都很在意个人修养,在谈判中,他们尊重对手,也不会毫无风度地对对方施压。不仅是个人修养,对对方的修养他们也十分在意。如果能将己方良好的内在修养体现在谈判中,可以赢得英国人的尊重,为谈判奠定基础。

英国商人的绅士风度表现在:在谈判时不易动怒,也不易放下架子,喜欢有很强的程序性的谈判;谈判条件既定后不愿变动,喜欢用逻辑推理表明自己的想法。他们听取意见时随和,采纳意见时却不痛快,处理复杂问题比较冷静。绅士风度常使英国谈判人员受到一种形象的约束,甚至成为他们的心理压力,对此应充分利用。在谈判中以确凿的论据、有理有力的论证施加压力,英国谈判人员就不会因坚持其不合理的立场而丢面子,从而取得良好的谈判效果。

(3) 等级观念深厚。受等级传统的影响,英国人具有严格的等级观念。所以,在谈判中,身份应该尽可能地对等,比如年龄、社会地位、官职等,从而表现出对英国人的重视以及尊重,从而推动谈判发展。

(4) 拒绝冒风险。英国人看重生活的秩序性以及舒适度,在物质利益上,他们的追求并不强烈。他们拒绝一些通过高风险行为,以求大利润的交易,更趋向于利润少，但风险较小的交易。

(5) 行动按部就班。在一般的商务活动上，英国人会耗费大量的时间接待客人。作为被接待的客人，也要以写信的形式向其表达感谢，否则就是不懂礼貌的表现。在和英国人约会之前，如果以前未曾见过，则要先将约会的目的进行告知；在约会时间、目的确定之后，无论如何都不能爽约，并且一定要准时抵达，否则会留给英国人极差的印象，从而影响后续事情的开展。

(6) 没有讨价还价的余地。在谈判关键时刻，英国人往往表现得既固执又不肯花大力气争取，使对手很头痛。如果出现分歧，他们往往不肯轻易让步，以显其大国风范。

(7) 重视合同的签订。当英国人不了解或者不认可谈判的某一细节时，他们绝对不会签订谈判合同。这时，应耐心向英国人进行解释，并提供相应数据。在合同签订之后，他们会严格遵照合同条款行事。目前，国际上对英国人仍具有一些固有印象，如不按时交货等，这也导致了英国人在谈判中处于被动地位，会被迫使接受不公平的条款。

(8) 较少在夏季和圣诞节至元旦期间做生意。英国人生活比较优裕舒适，每年夏冬两季有三周至四周的假期，他们多会利用这段时间出国旅游。因此，他们较少在夏季和圣诞节至元旦期间做生意。英格兰从 1 月 2 日开始恢复商业活动，在苏格兰则要等到 4 月以后。在这些节假日，应尽量避免与英国人洽谈生意。

(二) 法国商人

1. 性格特点

法国人的性格开朗，眼界豁达，对事物比较敏感，为人友善，处事时而固执，时而随和。

2. 国家意识浓厚

法国人对本民族的灿烂文化和悠久历史感到无比骄傲，他们时常把祖国的光荣历史挂在嘴边。诸如，他们拥有巴黎公社、波拿巴王朝、法兰西共和国的历史等等。重视历史的习惯使法国谈判人员也很注意商业与外交的历史关系以及交易的历史状况，即过去的交易谈判情况。

3. 思路灵活，手法多样

为促成交易，法国商人常会借助行政、外交的手段，或让名人、有关的第三者介入谈判。例如，有些交易中常会遇到进出口许可证问题，往往需要政府出面才能解决问题。当交易项目涉及政府的某些外交政策时，其政治色彩就很浓厚，为达成交易，政府可以从税收、信贷等方面予以支持，从而改善交易条件，提高谈判的成功率。

4. 要求对方以法语交谈

法国人为自己的语言而自豪，他们认为法语是世界上最高贵、最优美的语言。所以，即使一些法国人英语出色，也希望谈判对手以法语进行谈判。若要保持和法国人的长期合作，学习法语也是关键因素之一，可以博得法国人的好感，以推进谈判顺利发展。

5. 交谈新闻趣事

与法国人谈判时，不应只顾谈生意上的细节，他们喜欢在谈判过程中谈些新闻趣事。法国人比较健谈，他们喜欢通过讨论趣事以缓和谈判中紧张的气氛。因此，和法国商人进行谈判时，可以准备一些社会话题和法国人讨论，共同营造轻松自在的谈判氛围。法国人虽然喜欢幽默，但是对一些家庭或者是个人问题基本不会涉及，谈判时也要注意。

6. 重视人际关系

法国商人很重视交易过程中的人际关系。一般来说，在成为朋友之前，他们是不会轻易与人做大宗生意的。一旦建立起友好关系，他们又会乐于遵循互惠互利、平等共事的原则。因此，与法国人做生意，必须善于和他们建立起友好关系。这不是件容易的事，需要做出长期努力。在社会交往中，家庭宴会常被视为最隆重的款待。无论是家庭宴会还是午餐招待，法国人都将之看作人际交往和发展友谊的时刻，而不认为是交易的延伸。所以，当法国人发现设宴是以推动商业交易为目的时，他们不会赴约。

7. 注重个人决策权力

法国人一般认为，一个人负责决策会提高办事效率。所以无论是企业事务，还是商务谈判中，基本上都推崇个人力量，以个人负责制为标准，个人具有较大的权力。在谈判中，也是由个人进行责任承担，提高决策效率。所以，法国商人大多具有很强的专业性，对产品极为熟悉，知识面涉猎较广。

8. 偏爱横向式谈判

与美国人对议题逐个磋商的方式不同，法国商人在谈判方式上偏爱横向式谈判，即先为协议勾画出一个轮廓，然后达成原则协议，最后再确认谈判协议各方面的具体内容。法国人看重谈判结果，法国人希望能以文字的形式将谈判的不同阶段进行记录。在谈判上，法国人并不重视细节，在敲定了合同的主要条款之后，他们便会迫切地想要直接将合同签订，但是在合同签订之后，他们往往又会纠结于一些细节并要求重新修改。所以，在与法国人签约时，要保证合同具有法律约束力，以防止他们不严格遵守。

9. 对商品的质量包装要求严格

法国商人对商品的质量要求十分严格，同时十分重视商品的美感，要求包装精美。法国人从来就认为法国是精品的世界潮流领导者，巴黎的时装和香水就是典型代表。因此，他们在穿戴上都极为讲究。在法国人看来，衣着穿戴是身份以及修养的代表。在和法国人谈判时，要保持着装的整洁得体。

10. 时间观念较弱

法国人在商业往来或社会交际中经常迟到或单方面改变时间，而且总会找一大堆冠冕堂皇的理由。在法国，还有一种非正式的习俗，即在正式场合，主客身份越高，来得越迟。尽管法国人自身经常迟到，但他们却不会原谅他人迟到。

11. 严格区分工作与休息的时间

在严格区分工作与休息的时间这一点上，与日本人相比有极大的差异。法国人工作时认真投入,讲究效率,休闲时痛快地玩。他们十分珍惜假期,舍得在度假上花钱。法国全国在 8 月都会放假,很多法国人此时都去度假了,任何劝诱都难以让他们放弃或推迟假期去做生意。甚至在 7 月底和 9 月初,他们的心思都还放在度假和休息上。所以,应尽量避免在这段时期与法国人谈生意。

(三) 德国商人

1. 性格特点

德国人具有自信、谨慎、保守、刻板、严谨的特点,办事富有计划性,注重工作效率,追求完美,他们做事雷厉风行,有军旅作风。

2. 谈判前准备周祥

在谈判前,德国人会对对手的公司、评价、商品质量、价格等方面进行充分的调查,以判断是否可以和其进行合作。不仅是这些资料,德国人也会对谈判的具体细节进行考量,预测可能存在的问题,并事先提出相应策略,只有做了这些周密细致安排后,他们才会自信满满地走上谈判桌。同时,德国人看重对方的信用并会提前了解,以避免因对方信用问题造成不必要的损失。所以,和德国人做生意之前要对本公司的资料进行汇总,以便解答德国商人的疑问。

3. 自信而固执

在谈判中,德国商人常会以本国的产品为衡量标准。他们对产品的质量要求很高,只有当对方公司的产品达到其标准时,他们才会与之合作。同时在谈判中,很难让德国商人让步,他们对自身提供的方案十分自信,一般情况都不会进行妥协。而且,他们还会着重、反复阐述自身方案的优点,以争取让对方让步。因此,在与德国人进行谈判时,尽量向其阐明观点、原因,使其心悦诚服,以保障双方之间的合作能够持续。

4. 讲究效率

德国商人决策果断,雷厉风行。在谈判中,他们会表明所希望达成的交易,准确确定交易方式,详细列出谈判议题,提出内容详细的报价表,清楚、坚决地陈述问题。他们善于明确表达思想,准备的方案清晰易懂。如果双方讨论列出问题清单,德国商人一定会要求在问题的排序上体现各问题的内在逻辑关系。因此,在与德国商人谈判时,进行严密的组织、充分的准备、清晰的论述,并有鲜明的主题,可以提高谈判效率。

5. 有较强的权利和义务意识

德国人的权利、义务意识极强,对于合同,他们也会认真细致地进行研究,再确认合同中未存在纰漏之后,才会签订合同。德国商人本身十分重视合同,也会认真执行,基本上不会出现毁约的情况。同时,德国人对合作方也具有极高要求,在交货期限上,无论因为何种原因,只要对方未按时交货,他们便会执行惩罚条款。而且在合同签订之后,有关合同内容的更改,如付款时间、交货时间等,他们都不会理会。他们注重发展长久的贸易伙伴关系,求稳心理重。

6. 遵守时间观念

不论工作还是干其他事情,德国人都是有板有眼,严守规矩。因此,与他们打交道,不仅谈判时不应迟到,一般的社交活动也不应迟到。对于迟到的谈判人员,德国商人对之不信任的反感心理会无情地流露出来,破坏谈判气氛。

7. 谈判时间不宜定在晚上

虽然德国人工作起来废寝忘食,但是他们都认为晚上是家人团聚、共享天伦之乐的时间,因此谈判时间不宜选择在晚上。

(四) 意大利商人

在欧洲国家中,意大利人比德国人少一些刻板,比英国人多一份热情。

(1) 与外商做生意的热情一般不是太高。意大利的商贸较发达,意大利人更愿意与国内企业打交道。由于历史和传统的原因,意大利人不太注意外部世界,不主动向外国观念和国际惯例看齐。他们信赖国内企业,认为国内企业的技术生产的产品一般质量较高。所以,与意大利人做生意要有耐性。

(2) 在处理商务时，意大利人通常不动感情，决策过程也较缓慢。意大利人并不是像日本人那样要与同事商量，他们不愿仓促表态。所以，对他们使用最后期限策略，作用较好。

(3) 善于社交，但情绪多变。意大利人做手势时情绪激动，表情富于变化。他们生气时，简直近于疯狂。意大利人喜好争论，他们常常会为很小的事情而大声争吵，互不相让。

(4) 重视商人个人的作用。这一点与法国商人一样。意大利的商业交往大部分都是公司之间的交往，在商务谈判时，往往是出面谈判的人决定一切。意大利商人个人在交往活动中比其他任何国家的商人都更有自主权。所以，与谈判对手关系的好坏是能否达成协议的决定因素之一。

(5) 有节约的习惯，关心商品的价格。意大利人对于合同条款的注重明显不同于德国人，而接近于法国人。他们特别看重商品的价格，谈判时表现得寸步不让，而在商品的质量、性能、交货日期等方面则比较灵活。他们力争节约，不愿多花钱追求高品质。德国人却宁可多付款以换取高质量的产品和准确的交货日期。

(6) 时间观念较弱。这也是与法国人相似的缺点。有时，他们甚至不打招呼就不去赴约，或单方面推迟会期。他们工作时有点松松垮垮，不讲效率。但是，他们在做生意时绝不马虎。

(7) 崇尚时髦，注重着装。意大利人的办公地点一般设施都比较讲究。他们对生活中的舒适，如食宿、饮食都十分注重。意大利人通常衣冠楚楚，潇洒自如。与他们谈判时，着装潇洒入时会给他们留下好印象。

（五）俄罗斯商人

(1) 俄罗斯人办事断断续续，效率较低。在一般情况下，俄罗斯商人都不会以通过提高自身工作效率的方式，迎合外商提供的具体时间安排。同时，如果外商采用信函或是电话的方式向俄罗斯商人进行意见征求，他们很难立刻回答。而且，俄罗斯商人在商务谈判时，往往会带上各种领域的专家以提高决策的科学性，这一行为难以避免地造成谈判队伍规模的扩大化，意见难以统一，对谈判时间造成极大影响。因此,与俄罗斯商人谈判时,不要急躁,要耐心等待。

(2) 俄罗斯商人的谈判能力很强。在商务谈判中,俄罗斯商人重视合同中索赔条款以及技术内容。特别是技术内容,他们往往会向对手索要关于产品的零件清单、技术说明、装配图样等,对细节进行反复观察,使其可以通过低廉的价格获取优秀的技术。因此,在与俄罗斯人进行谈判时,要有充分的准备,可能要就产品的技术问题进行反复的磋商。

(3) 俄罗斯人善于讨价还价,善于动用各种技巧。常用的技巧有制造竞争、欲擒故纵、虚张声势等。当俄罗斯商人要对某一项目进行引进时,他们首先会采取对外招标的形式,使其他公司相互竞争,然后再在这些公司中选择。同时,他们还会不择手段地使前来竞标的公司互相争夺,从而坐收渔翁之利。当谈判合同正式签订之后,俄罗斯商人会参照合同执行具体事务,对于对方希望更改合同的需求,他们往往不予接受。在谈判中,他们对每个条款尤其是技术细节十分重视,并在合同中精确表示各条款。

(4) 俄罗斯人非常谨慎,缺少敏锐性和创新精神,喜欢墨守成规。长期以来,俄罗斯是以计划经济为主的国家。由于体制严格的计划性束缚了个性能力的发挥,而且这种体制要求经办人员对所购进商品的适用性、可靠性和质量进行审查,并要对所做出的决策承担全部责任,因此俄罗斯人非常谨慎。他们往往以谈判小组的形式出现,等级地位观念重,责任常常不太明确具体。由于俄罗斯人在谈判中经常要向领导汇报情况,因而谈判中决策与反馈的时间较长。

(5) 俄罗斯人喜欢非公开的交往,喜欢私人关系早于商业关系的沟通方式。当彼此之间关系熟稔时,俄罗斯人在态度上会变得热情、爽快,他们喜欢和他人交谈本国的建筑、文化等。

(6) 俄罗斯人很重视仪表,喜欢打扮。俄罗斯人文明程度较高,不仅家中比较整洁,而且注意公共卫生。俄罗斯人重视仪表,在公共场合注意言行举止。例如,他们从不将手插在口袋里或袖子里,即使在热天也不轻易脱下外套。在商务谈判中,他们也注意对方的举止。如果对方仪表不俗,他们会比较欣赏。相反,如果对方不修边幅就坐在谈判桌前,他们会很反感。

(六) 北欧商人

北欧主要是指挪威、瑞典、丹麦、芬兰等国家。它们有着相似的历史背景和文化传统，都信奉基督教，历史上为防御别国的侵略而互相结盟，或是宣布中立以求和平。现代的北欧，国家政局稳定，人民生活水平较高。

(1) 北欧人具有心地善良、为人朴素、谦恭稳重、和蔼可亲的性格特点。这是由于北欧的宗教信仰、民族地位以及历史文化的影响。

(2) 工作计划性强。北欧商人凡事按部就班，规规矩矩。在谈判中，他们镇定从容。按照顺序对内容进行逐一讨论，是北欧商人喜欢的谈判方式，他们的谈判节奏慢，但是却擅长观察，以确定交易达成时机，并迅速做出决定。

(3) 配合融洽。面对北欧人时，要保证自身态度足够诚恳，促进双方感情提升，并推动谈判进行。当北欧人在某一问题上态度顽固时，己方也要理性地对其进行解释。同时，可以将北欧人的求稳心理加以利用，创造僵局，激化双方矛盾，从而获取更大的利益。

(4) 态度谦逊。北欧商人的谈判态度真诚、坦率。他们不会对自己的看法进行隐瞒，而是针对不同事件提出具有建设性的策略。他们追求和谐、友好的谈判氛围，但是并不表示北欧商人会对对方一味忍让，顺应其要求。实际上，北欧商人在自以为正确时，具有顽固性和自主性，这也是一种自尊心强的表现。

(5) 拒绝无休止的讨价还价。北欧商人在进行商业交易时比较保守，他们会尽自己最大所能保护目前拥有的利益。在谈判中，他们往往不会设计其他合同方案，而是更多地把目光放在怎样保住现有合同上。

(6) 北欧人较为朴实，工作之余的交际较少。北欧人晚间的招待一定在家里进行，不到外面餐馆去用餐。如果白天有聚餐，他们一般是在大饭店里预订好座位，这种宴会也不铺张浪费。如果是私下聚会，则往往只有咖啡和三明治。北欧人力戒铺张，他们把简朴的招待视为对朋友的友好表示。

(7) 喜欢高质量产品。北欧人会对现代技术进行广泛投资，以提高他们在国际市场的竞争力。无论是从北欧出口，还是进口的商品，都具有超高的质量和品质。同时，北欧人的购买力很强，他们更倾向于购买一些质量高、款式独特的产品，对于其他比较普通的产品，则嗤之以鼻。

(8) 在北欧，代理商的地位很高。尤其在瑞典和挪威，没有代理商的介入，许多谈判活动就难以顺利进行。因此，与北欧人做生意，必须时刻牢记这些代理商和中间商。

(9) 北欧人喜欢饮酒。为了公众利益，北欧国家制定了严厉的饮酒法。因此，这些国家的酒价十分昂贵。北欧人特别喜欢别人送如苏格兰威士忌酒之类的礼物，因此可以在商务谈判中以酒作为馈赠礼品。

(10) 北欧人在商业交际中往往不太准时。特别是瑞典人，在商业交际中往往不太准时，而他们在其他社交场合却非常守时。遇到他们迟到的情况，只要没有出现什么严重后果，就不要太计较，许多时候，以一笑置之展示自己的洒脱是明智的做法。

(11) 北欧人将蒸汽浴视为日常生活中必不可少的一部分。大多数北欧国家的宾馆里都设有蒸汽浴室。在北欧，谈判之后去洗蒸汽浴几乎成为不成文的规定。到北欧洽谈生意的外国客商也应不失时机地发出邀请或接受邀请，以增加双方接触的机会，增进友谊。

(12) 北欧人通常在夏天和冬天分别有三周到一周的假期。北欧国家所处纬度较高，冬季时间较长，所以北欧人特别珍惜阳光。他们在夏天和冬天分别有三周到一周的假期。这段时间，几乎所有公司的业务都处于停顿状态。因此，做交易应尽量避开这段时间。当然，也可以利用假期将至，催促对方赶快成交。

(七) 葡萄牙商人

葡萄牙位于欧洲西南部伊比利亚半岛的南端，曾经是世界上数一数二的殖民国家。葡萄牙贫富分化严重，除少数人比较富有外，大多数人比较贫穷。

(1) 葡萄牙人善于社交，而且很随和。初次见面时，葡萄牙人具有极高的热情。但是，当你想对他们进行深入了解时，他们则显得畏首畏尾。所以，在谈判中也很难开诚相见。

(2) 葡萄牙人讲究打扮。即使在很热的天气，葡萄牙人也穿得西装革履，在工作和社交等场合一般都打领带。

(3) 葡萄牙人处理问题常以自我为中心，协调性较差。所以，葡萄牙人在谈判中，很难将集体作用发挥出来。

(4) 葡萄牙商人做生意没有很强的时间观念，在决策时有拖延的习惯。葡萄牙人喜欢用汇票作为交易的支付方式，但是常常不能爽快履约。即使已经到了合同中约定的付款时间，葡萄牙商人也不会根据约定金额进行支付，反而只会给予一部分。这种现象十分常见。所以，和葡萄牙商人交易时，可以添加相应的对于延迟付款或付款金额未达标的惩罚。

（八）西班牙商人

(1) 西班牙人生性开朗，且略显傲慢。他们在谈判中具有较强的优越感。同时，他们在进行问题考量时，十分注重现实因素的影响，安排具体事务时也比较仔细严谨。

(2) 西班牙人认为直截了当地拒绝别人是非常失礼的。这是西班牙人的社交礼仪和传统习惯。西班牙人很少直接说"不"。因此，在和他们谈判时，应该尽可能地避免使用引导式问句，引诱他们直接说"是""否"。

(3) 西班牙商人注重个人信誉。在谈判合同签订完成后，他们会认真依照合同执行。

(4) 西班牙人一般不肯承认自己的错误。即使谈判合同使其利益受损，他们也不会认可是由他们签订合同失误造成的，提议修改合同对他们来说更是无稽之谈。但是在这种情况下，如果谈判对方及时发现他们的利益损失并对他们提供帮助的话，会得到西班牙人的信任以及友好关系，为未来长久合作打下良好基础。

(5) 西班牙商人与外商洽谈时态度认真，谈判人员一般具有决定权。与西班牙商人谈判，必须选派身份、地位相当的人员前往，否则他们会不予理睬。另外，穿戴讲究的西班牙商人也希望谈判对方衣饰讲究。西班牙商人通常在晚餐上谈生意或庆祝生意成功,他们的晚餐大多从 21:00 以后开始,一直进行到午夜才结束。

三、亚洲商人的谈判风格探究

(一) 日本商人

日本是个岛国,资源匮乏,人口密集,市场有限,民众有深厚的危机感。第二次世界大战后,日本通过引进高科技并发展外向型经济,创造了经济上的奇迹,从战后废墟中一跃而成为世界第二大经济强国。目前,日本正积极开拓中国市场,中日经济交往日益密切。因此,了解和掌握日本文化和日本人的谈判风格是十分必要的。

1. 性格特点

日本人的特点是慎重、规矩、礼貌、团体倾向强烈,有强烈的团体生存和发展的愿望。虽然与其他国家相比,日本的个体可能在能力、素质等方面存在一定差异。但是当他们集合成为团体时,则具有十分强大的力量。日本的家族式企业较多,他们将个人、企业以及家庭紧紧联合在一起,提高了个人对企业的归属感,从而导致企业内部的协调性以及统一性极高。所以在进行谈判时,日本人经常采取团队共同参与的形式,同时也希望对方的谈判队伍可以达到与之相等的谈判规模。

2. 注重人际关系

日本商人在与外商进行初次商务交往时,喜欢先进行个人的直接面谈,而不喜欢通过书信交往。在和日本商人进行初次交流时,可以找一些日商熟悉的人,为双方搭建联络的桥梁,因为日本人比较喜欢与经过熟人介绍的商人进行合作。日本商人善于把生意关系人性化,他们通晓如何利用不同层次的人与谈判对方不同层次的人交际,以便于他们了解对方情况,进行提出相关对策。而且,他们的谈判人员十分擅长把握和创造多种机会,以拉近和谈判对手领导的关系。

3. 注重集体决策

在日本企业中，决策往往不是由最高领导层武断地做出的，而是要在公司内部反复磋商，凡有关人员都有发言权。当需要对某一问题进行决策时，日本企业中的领导往往会询问各个部门的意见，并且进行相应地整理，再根据所了解的具体内容进行决策。而且参与谈判的人员基本上都是同事，他们之间比较熟悉并且相互了解和信任，有利于协作。所以在进行谈判时，我们可以学习日本这一特点，使企业中形成良好的协作氛围，以帮助谈判更好地开展。

4. 等级观念根深蒂固

日本人非常重视尊卑秩序。日本具有比较严重的等级观念，他们希望谈判双方的参与人员地位相等。在谈判中，通常由谈判人员进行谈判的各项协商，积极争取自身利益，领导人物一般在最后的紧要关头出现，以达成谈判。

在日本，妇女地位相对较低，无论是在企业谈判还是在其他商务活动中，也很难看到日本妇女的身影。因此，和日本进行谈判时，尽可能不要带女性谈判人员。女性出现在谈判中，可能会使日本人产生不满情绪，影响谈判结果。同时，日本人具备尊老爱幼的优良传统，在谈判时可以选择一些地位、官职相对较高的谈判人员，以推动谈判进行。

5. 重视合同的履行

在签订合同之前，日本商人通常格外谨慎，认真审查全部细节。合同订立之后，他们一般较重视合同的履行。但是，这并不排除在市场行情不利于他们时，他们会千方百计寻找合同漏洞以拒绝履约的情况。

6. 富有耐心

日本商人在谈判时表现得彬彬有礼，富有耐心，实际上他们固执而坚毅。在谈判中，他们不会先将己方的意图表现出来，而是耐心等待事态的发展。日本人勤奋用功，在谈判中夜以继日是常有的现象。当细节发生变化时，他们会主动将其整合、汇总成文字。这也是日本人的谈判策略之一，通过整理过程中使用词语发生的细微变化，尽量使协议有利于自己。

7．待人接物讲究礼仪

在商业活动中，日本人时常会送一些小礼物，可能并不会多么贵重，但是这些礼物通常具有纪念意义。同时，他们也会将不同档次的礼物送给不同地位的人。而且，日本商人对交换名片也十分看重，即使谈判人数较多，他们也会相互交换名片。交换时，首先根据对象不同行不同的鞠躬礼，同时双手递上自己的名片，然后以双手接对方的名片。

8．谈判时不喜欢拒绝

日本人认为，直接的拒绝会使对方难堪甚至恼怒，是极大的无礼。所以，即使他们对对手的看法有不同意见，也不会直接进行辩驳，他们一般会间接地将己方观点进行陈述。当和日本商人进行谈判时，要保持语气的温和。同时，不要把日本人礼节性的表示误认为是同意的表示。日本人在谈判中往往会不断点头，这常常是告诉对方他们在注意听，并不是表示同意。

9．谈判时通常不带律师

日本人认为携带律师的目的是为了制造法律纠纷，这一行为并不友好，且不值得信赖。当谈判双方因合同问题产生争吵时，日本人也不会选择用法律解决。他们会寻找机会提出模棱两可的合同条款，为日后的纠纷做准备。

(二) 韩国商人的谈判风格

韩国是一个自然资源匮乏、人口密度很大的国家，近几十年经济发展较快。韩国人在长期的贸易实践中积累了丰富的经验，常在不利于己的贸易谈判中占上风，被西方国家称为"谈判的强手"。

(1) 韩国商人非常重视商务谈判的准备工作。在进行谈判之前，韩国商人会通过各种方式了解、咨询对方的基本情况。比如生产规模、经营作风、经营项目等。他们认为掌握对手的有关资料是他们进行谈判的基础。只有做好了这些基础性工作，他们才会进行谈判。

(2) 韩国商人逻辑性强,做事条理清楚,注重技巧。韩国商人在谈判中更喜欢先进行主要问题的谈论。在谈判手法上,他们通常采用以下两种:①横向谈判,先勾勒出谈判协议的框架,在原则上的协议达成后,再对具体谈判内容进行细致交谈;②纵向谈判,依照双方条款的顺序进行协商,从而达成整个协议。在进行谈判时,韩国人会依照谈判对象采取不同策略,比如调虎离山、出其不意等,以争取更多的个人利益。即使处于相对弱势的地位,他们也会以屈求伸,果断让步谋取其他利益。在合同的签订上,韩国人倾向于使用三种具备法律效力的语言,即朝鲜语、对方国家的语言以及英语。

(3) 韩国商人重视在会谈初始阶段创造友好的谈判气氛。在第一次与谈判对手进行见面时,韩国商人会将自己的职务以及姓名等介绍给对方。就座以后,韩国人会通过选取对手喜爱饮料的办法来表示对对手的了解以及尊重。

(4) 韩国商人很注重谈判礼仪。对谈判地点的拟定,可以充分体现韩国商人的这一特点。他们一般喜欢在有名气的酒店、饭店会晤洽谈。如果由韩国商人选择谈判地点,他们定会准时到达,以尽地主之谊。如果由对方选择谈判地点,他们则会推迟一点到达。进入谈判地点时,地位最高的会走在队伍的最前面,这个人一般具有决策权。

四、其他地区商人的谈判风格探究

(一)大洋洲商人的谈判风格

大洋洲包括澳大利亚、新西兰、斐济、巴布亚新几内亚等20多个国家和地区。澳大利亚和新西兰是两个较发达的国家,居民有70%以上是欧洲各国移民后裔,其中以英国和法国最多。多数国家通用英语。经济上以农业、矿业为主,盛产小麦、椰子、甘蔗、菠萝、羊毛,以及铅、锌、锰等多种矿物。主要贸易对象是美、日和欧洲一些国家。出口商品以农、畜、矿产品为主,进口商品主要是机械、汽车、纺织品和化工品等。

澳大利亚和新西兰商人的谈判风格具体如下。

(1) 澳大利亚商人在谈判中重视办事效率。他们会使具有决策权的人员参与谈判中，以提升谈判效率，避免不必要的时间消耗。在进行货物采购时，他们通常会使用招标的形式，并且以最低报价达成交易，基本上不给对方提供机会进行讨价还价。

(2) 澳大利亚商人待人随和，乐于接受款待，重信誉。通常情况下，澳大利亚的商人都会接受他人的款待，但是，他们却并不认为生意与款待是一项活动并且有所关联。在签订合同时，他们表现得十分谨慎，但是当合同签订成功后，他们一般不会毁约。澳大利亚商人十分看重信用，且具有极重的成见，面对谈判对方的不当言辞，他们会产生激烈的心理反应。因此，第一印象十分重要。

(3) 澳大利亚商人比较守时。澳大利亚的员工一般都很遵守工作时间，不迟到早退，也不愿多加班。参加商务谈判时也一样。经理阶层的责任感很强，对工作很热心。

(4) 澳大利亚商人不大注重商品的完美性。澳大利亚商人以进口关税控制外来商品的竞争，所以，对于他们本国商品来说，很难在质量上有所提升，而质量相对较高的进口产品在澳大利亚也并不受人重视。

(5) 新西兰商人在商务活动中重视信誉，责任心很强。新西兰是一个农业国，工业产品大部分需要进口。其国民福利待遇相当高，大部分人都过着富裕的生活。新西兰商人重视信誉，责任心很强，加上经常进口货物，多与外商打交道，所以他们都精于谈判，很难应付。

(二) 非洲商人的谈判风格

非洲是面积仅次于亚洲的世界第二大洲，包括 50 多个国家，近 6 亿人口。绝大多数国家属于发展中国家，经济贸易不发达。按地理习惯，非洲可分为北非、东非、西非、中非和南非五个部分。不同地区、不同国家的人民在种族、历史、文化等方面的差异极大，因而在国情、生活、风俗、思想等方面也各具特色。

(1) 非洲人的工作效率较低，时间观念极差。非洲各部族内部的生活具有浓厚的大家庭色彩。他们在谈判中准时到达的可能性很低，即使准时抵达，他们也不会立刻就正事进行谈论。对此，其他国家的谈判人员只能忍耐。

(2) 非洲人的权力意识很强。每个拥有权力的人，哪怕是极小的权力，都会利用它索取财物。因此，去非洲做生意，应当注意用长远的利益规划，做适当让步的方法取得各环节有关人员的信任和友谊，才可能使交易进展顺利。

(3) 非洲人的业务素质较低。在非洲，有些从事商务谈判的人员对业务并不熟悉。因此，与他们洽谈时，应把所有问题乃至所有问题的所有细节都以书面确认，以免日后产生误解或发生纠纷。

(4) 南非商人讲究信誉，付款守时。在非洲诸国中，南非的经济实力最强，黄金和钻石的生产流通是其经济的最大支柱。南非商人具有极强的商业意识，在谈判中重视信誉且极为守时。在一般情况下，他们会直接让对谈判具有决策权的人参与谈判，从而减少谈判时间的浪费。

第三节 中西方商务谈判风格比较

一、原则与细节的处理

中国商人喜欢在处理细节问题之前先就双方关心的一般原则取得一致意见，把具体问题安排到以后的谈判中去解决，即"先谈原则，后谈细节"。西方商人往往是"先谈细节，避免讨论原则"。西方人认为，细节是问题的本质，细节不清楚，问题实际上就没有得到解决，而原则只不过是一些仪式性声明而已。所以，他们比较愿意在细节上多动脑筋，对于原则性的讨论比较松懈。这种差异常常导致中西方交流中的困难。美国一些外交官曾感受到中国人所具有的谈判作风对西方人的制约。

中国人重视"先谈原则，再谈细节"的原因包括：①先谈原则可确立细节谈判的基调，使它成为控制谈判范围的框架。②可以利用先就一般原则交换意见的机会估计和试探对方，看看对方可能有哪些弱点，创造出一些有利于自己的机会。③先谈原则可以很快地把原则性协议转变为目标性协议。④先谈原则可以赢得逻辑上或道德上的优势。⑤通常，原则问题的讨论可以在与对方上层人物的谈判中确立下来，从而既避免了与实质性谈判中的下层人员可能的摩擦，又能在一定程度上控制他们的举动。

先谈原则的谈判作风虽然有对于具体细节谈判的某种制约作用，但是在协议的执行过程中，如果对方对于自己的违约持有坚定态度，对中国的批评不理，那么这种手法就不会特别有效。

二、集体与个人的权力

西方人比较强调集体的权力、个体的责任，是一种"分权"。中国人比较强调集体的责任、个体的权力，是一种"集权"。这种差异导致谈判场合出现这样两种现象：西方人表面看来是一两个人出场，但是他们身后却往往有一个高效而灵活的智囊群体或决策机构，决策机构赋予谈判者个体以相应的权限，智囊群体辅助其应对谈判中的复杂问题；中方则是众人谈判，一人决定。因此，在谈判中，应当科学而恰当地处理好集体与个人、集权与分权之间的关系，以在与西方人的谈判中始终处于较为主动的地位。

三、立场与利益

（一）中国人注重立场

在立场上投入的注意力越多，越不会注意如何调和双方利益。任何达成的协议，都只是机械式地消除双方在最后立场上的分歧，而不是精心制定出符合双方合法利益的解决方案。立场争执往往会使谈判陷入僵局，导致彼此的对立。同时，谈判者在立场上争执时，会使自己更加陷入该立场中。越澄清立场，越抵抗别人对它做的攻击，就越会执着于它；越设法叫别人相信不会改变立场，就越难做到这一点。于是自我与立场便混为一体。立场争执往往会使谈判陷入僵局，导致彼此的尖锐对立。

(二)西方人注重利益

西方人对利益看得比立场更为重要。对于商务谈判人员,评价其工作绩效的标准是看其谈判成果。西方的谈判者重效果而轻动机,他们对立场问题往往表现出极大的灵活性,在谈判中努力追逐利益。他们对待事物的态度,取决于是否能为自己带来好处,是否会损害自己的利益。

参 考 文 献

[1] 巴合提努尔·尔斯别克. 浅析商务礼仪的重要性及其提升途径[J]. 全国商情, 2016(25): 10-11.

[2] 陈敏. 对商务礼仪课程实践教学模式的探讨[J]. 时代农机, 2018, 45(2): 248.

[3] 陈敏. 浅谈商务礼仪在商务活动中的重要性[J]. 文化创新比较研究, 2017, 1(36): 104, 106.

[4] 陈敏. 在商务礼仪教学中体验式教学法的运用[J]. 长江丛刊, 2018(19): 216.

[5] 陈樱, 魏家海. 现代商务礼仪: 跨文化意识实例[J]. 英语世界, 2017, 36(3): 45-47.

[6] 程宝元. 浅谈商务礼仪在服务型企业形象战略中的应用[J]. 中小企业管理与科技(上旬刊), 2017(2): 1-2.

[7] 都颖. 商务礼仪与传统文化的融合研究[J]. 智库时代, 2017(9): 69, 231.

[8] 杜娟. 商务礼仪在商务交往中的应用研究[J]. 商, 2015(32): 107.

[9] 何珍. 商务礼仪课程教学方法与考核评价改革探索与实践[J]. 旅游纵览(下半月), 2018(1): 207-208.

[10] 黄娟. 论商务礼仪在商务谈判中的合理使用[J]. 当代教育理论与实践, 2012, 4(7): 175-176.

[11] 嘉丹. 商务礼仪与提高高职学生就业力思考[J]. 广东蚕业, 2018, 52(5): 54-55.

[12] 蒋丽婷. 浅析商务礼仪在商务谈判中的应用[J]. 知识经济, 2012(22):

91-92.

[13]李心. 浅谈国际商务谈判中礼仪的合理使用[J]. 黑龙江教育学院学报, 2008(11): 130-131.

[14]李新霞. 商务谈判中礼貌原则的运用[J]. 科教文汇(上旬刊), 2009(6): 194, 212.

[15]李雅静, 王蕊. 文化差异对商务礼仪的影响[J]. 青岛教育学院学报, 2002(3): 39-41.

[16]梁红艳. 商务礼仪在现代商业竞争中的影响和应用[J]. 中外企业家, 2016(8): 255.

[17]刘铭. 中西方商务谈判中礼仪的差别表现和应对策略[J]. 长江丛刊, 2018(8): 70.

[18]刘雯. 商务礼仪实践教学中体验式教学的应用[J]. 今日财富(中国知识产权), 2017(9): 184-185.

[19]龙秋羽. 探讨商务礼仪在国际商务活动中的应用[J]. 科学中国人, 2016(27): 159.

[20]马骋. 基于"岗位需求"的商务礼仪课程设计新思路[J]. 文理导航(下旬), 2017(11): 81, 90.

[21]马兰花. 商务礼仪在商务活动中的应用[J]. 西部皮革, 2016, 38(2): 159-160.

[22]邵易珊. 跨国商务礼仪文化的差异[J]. 经贸实践, 2018(9): 309.

[23]宋柳, 李海红. 国际商务礼仪中的中西方文化差异分析[J]. 科技展望, 2015, 25(26): 239, 241.

[24]唐静静. 浅析商务礼仪在谈判中的运用技巧分析[J]. 商业故事, 2016(10): 42.

[25]王冬斐. 浅谈商务礼仪对商务谈判的作用[J]. 商业故事，2016(10)：43.

[26]吴美清，王明霞. 跨国文化礼仪在国际商务谈判中的运用策略探索[J]. 产业与科技论坛，2018，17(18)：226-227.

[27]武少玲. 高校商务礼仪课程的定位与教学改革研究[J]. 品牌，2015(5)：232-233.

[28]谢珊."商务礼仪"课程教学与考核模式的改革探究[J]. 新课程研究(中旬刊)，2018(7)：47-49.

[29]徐兰. 商务礼仪基于谈判开局阶段的实践分析[J]. 纳税，2017(31)：186.

[30]杨怡. 商务礼仪教学中融入情境教学的实践分析和实现[J]. 山东农业工程学院学报，2016，33(12)：28-29.

[31]袁小华. 浅谈跨文化交际中的商务礼仪行为[J]. 苏盐科技，2002(1)：39-40.

[32]张海云. 商务礼仪在线学习平台设计[J]. 经济研究导刊，2017(6)：135-136.

[33]张瑾俏. 论商务礼仪在商务谈判中的合理利用[J]. 青年文学家，2013(23)：214，216.

[34]张小辉. 礼仪在商务谈判中的作用[J]. 考试周刊，2010(39)：238-239.

[35]张晓艳. 商务礼仪的基本规范与中西方商务礼仪的差别[J]. 宁夏师范学院学报，2012，33(5)：157-158.

[36]张晓颖. 浅谈商务礼仪与商务活动[J]. 佳木斯职业学院学报，2016(8)：478-479.

[37]赵杰. 礼仪在商务谈判中的作用[J]. 黑龙江科学，2014，5(9)：166-167.

[38]赵艳. 浅议商务礼仪与商务谈判[J]. 科教文汇(下旬刊)，2009(12)：282.

[39]赵云风. 论服饰礼仪对商务的重要性[J]. 现代职业教育，2017(24)：163.

[40]周卉. 浅谈商务礼仪在市场营销中的作用[J]. 安阳师范学院学报，2017(6)：29-31.

[41]朱瑞琴. 浅谈对俄贸易交往中的商务礼仪[J]. 北方经贸,2011(4):18-19.

[42]黄琳. 商务礼仪[M]. 北京:机械工业出版社,2016.

[43]李志军. 商务谈判与礼仪[M]. 北京:中国纺织出版社,2018.

[44]毛晶莹. 商务谈判[M]. 北京:北京大学出版社,2010.

[45]王玉苓. 商务礼仪:案例与实践[M]. 北京:人民邮电出版社,2018.

[46]杨易. 商务谈判艺术[M]. 北京:金盾出版社,2011.

[47]左显兰. 商务谈判与礼仪[M]. 北京:机械工业出版社,2014.